AMOR ETERNO

La biografía no autorizada de Juan Gabriel

AMOR ETERNO
La biografía no autorizada de Juan Gabriel

© **Derechos Reservados**
Nóstica Editorial S.A.C. 2018
Según Ley N° 13714 y D. Ley 822

Autor Compilador: Equipo Editorial Nóstica
Coordinador: Bruno Olcese
Revisión Ortográfica y gramatical: Tania Carbajal
Edición y diagramación: Flavio del Pozo

Editado por Nóstica Editorial S.A.C.
E-mail: atencionalcliente@nosticaeditorial.com
Primera edición. Setiembre 2018

ISBN: 9781723817496

Prohibida la reproducción total o parcial de este libro, por cualquier medio, sin permiso escrito de la Editorial.

ÍNDICE

INTRODUCCIÓN...	07
I. POBREZA EN PARÁCUARO..	09
La familia de Juan Gabriel..	11
La profecía del bautizo...	12
La locura de su padre...	15
II. HACIA JUÁREZ..	21
Una madre sola...	23
La polémica de «amor eterno»...	26
III. EL INTERNADO...	29
La profesora Micaela..	31
Un niño solo..	35
Juanito...	36
IV. UN ADOLESCENTE EN LAS CALLES.....................	43
Días de huida..	45
La primera canción...	47
Sobreviviendo...	48
V. CON SUEÑOS Y ACTITUD......................................	51
Buscando oportunidades...	53
Caminando y rogando...	55
A falta de dinero…amigos y amigas................................	57
Un joven y sus canciones...	59
Quiero grabar una canción, por favor.............................	61
VI. EL INICIO COMO ARTISTA....................................	65
Una oportunidad en los coros...	67
La cárcel..	69
Una oportunidad en el lugar menos pensado................	71
Su primera grabación...	74
Trabajando como artista..	75

VII. LLEGA EL ÉXITO... 79
De gira, por primera vez... 81
El éxito: el segundo álbum... 83
Fans.. 85
El camino a la fama.. 86
La muerte de su madre... 88

VIII. PRODUCCIONES MUSICALES.. 91
Discos, canciones, intérpretes... 93
La recuperación de sus derechos.. 94

IX. EL LEGADO DE JUAN GABRIEL.. 99
Semjase: sueños, música y educación... 101
La consagración en la primavera: Bellas Artes 1990................... 104
Su legado... 107
Comunicado de Juan Gabriel... 110

X. MÉXICO Y TODO EL MUNDO DE LUTO........................... 113
Muerte de Juan Gabriel.. 115
La última gira de Juan Gabriel... 117
El último mensaje... 121
Hijos.. 123
Reacciones ante su fallecimiento.. 125
El día que Juan Gabriel se entrevistó a él mismo........................ 126

XI. LOS ESCÁNDALOS DEL DIVO.. 129
El pleito con Rocío Dúrcal... 131
¿Por qué Juan Gabriel se murió de un momento a otro?........... 134
Juan gabriel dejó 300 millones de dólares................................... 135

XII. TRAYECTORIA ARTÍSTICA... 141
Línea de tiempo.. 143
Intérpretes de las canciones de Juan Gabriel............................... 148
Discografía.. 149
Colaboraciones... 151
Premios y reconocimientos.. 153

XIII. LOS TEMAS MÁS FAMOSOS DE JUAN GABRIEL......... 157

INTRODUCCIÓN

Esta biografía, a poco tiempo del fallecimiento del divo Alberto Aguilera, el 28 de agosto de 2016 —más conocido como Juan Gabriel— intenta rescatar el duro camino del artista para consolidarse como un compositor musical, pese a la realidad adversa, llena de pobreza y abandono que le tocó vivir. Creemos que su vida puede permitirnos conocer con más proximidad el mundo artístico y que a la vez resulta muy inspiradora.

¿Por qué una biografía de Juan Gabriel? La respuesta está en su aporte a la música en español; con más de 40 años de carrera musical, es el cantautor que más canciones ha registrado en la SACM (Sociedad de Autores y Compositores de México) y el que más recursos económicos produce por concepto de regalías a dicha asociación.

Dio un sello particular y osado a la música popular mexicana y latinoamericana, gracias a su original estilo interpretativo.

Son valiosas sus aportes a la música popular en América en diferentes géneros como balada, ranchera, bolero, pop, música norteña, rumba flamenca, son de mariachi, banda sinaloense, entre otras.

Sus composiciones han sido traducidas a idiomas tan diversos como turco, japonés, alemán, francés, italiano, tagalo, griego, papiamento, portugués e inglés, y han sido interpretadas por más de 1500 artistas y grupos a nivel mundial.

Sus composiciones interpretadas por él mismo o en la de sus cientos de intérpretes, aparecen cada 40 segundos aproximadamente en los medios de difusión radial y/o televisión en América Latina. Entre los muchos premios y reconocimientos que recibió, en 1986 el alcalde de Los Ángeles estableció el 5 de octubre como «el día de Juan Gabriel», además, el cantante cuenta con una estrella en el paseo de la fama de Hollywood.

¿Cómo logró componer esas joyas en español sin formación musical? ¿Qué historia hay detrás de cada canción? ¿Cómo se inspiró? ¿Cómo llegó a hacerse conocido? ¿Cómo fue su vida? ¿Qué polémicas, qué aplausos, qué glorias ganó? Para averiguarlo haga un viaje a México hacia el pasado, con este libro. Visite las ciudades, alegrías y desventuras que vivió el divo de Juárez en busca de su sueño musical y disfrute su estadía.

I
Pobreza en Parácuaro

LA FAMILIA DE JUAN GABRIEL

Juan Gabriel, cuyo verdadero nombre es Alberto Aguilera Valadez, fue hijo de Gabriel Aguilera, quien nació en 1908 en Jacona (Michoacán) y Victoria Valadez, nacida en 1910, en Parácuaro (Michoacán). Gabriel descendía de franceses, españoles e italianos.

Gabriel Aguilera se desempeñaba como arriero. Tenía un romance apasionado con la madre de Juan Gabriel, quien ya tenía un prometido, por esta razón, al principio su relación no fue aceptada por sus vecinos de Parácuaro, Michoacán.

Luego de casarse, Gabriel y Victoria tuvieron a su primera hija, a quien llamaron Rosa, por las rosas que le obsequió Juan Diego a la virgen de Guadalupe. Poco después de un año, doña Victoria dio a luz a Virginia, quien fue una segunda madre para todos los hermanos, y a quien Juan Gabriel, en agradecimiento por cuidarlo, le concedió un rancho en El Paso, Texas.

José Guadalupe fue el tercer hijo de la familia Aguilera. Luego dio a luz a tres hijos, a todos se les puso de nombre Rafael, pero murieron de un problema del corazón. Después Victoria volvió a dar a luz y nació Gabriel, luego Pablo, quien es el único integrante de la familia Aguilera Valadez que sobrevive y vive en un rancho de Parácuaro, el cual compró Alberto para obsequiárselo. Pablo, durante 13 años, no quiso dirigirle la palabra a Alberto (Juan Gabriel) por tener comportamientos calificados de afeminados. En la serie «Hasta que te conocí», existe una escena en donde lo golpea, afirmando el rechazo de su familia.

Unos años después nació Miguel. Finalmente nació Alberto Aguilera Valadez un 7 de enero de 1950. De ahí que su número de suerte fuera el 7. Le pusieron Alberto por la famosa radio novela El Derecho de Nacer, en donde uno de los protagonistas se llamaba Alberto Limonta.

LA PROFECÍA DEL BAUTIZO

EL DESEO
Gabriel había pedido a su amigo Antonio Espinoza, que era campesino como él, y a su esposa Isabel Melgoza Rentería, que sean los padrinos del bautizo del último de sus hijos: Alberto.

El niño fue bautizado por el cura Miguel Medina, de noventa años, en la parroquia de Parácuaro, consagrada al Sagrado Corazón de Jesús.

El cura que lo bautizó, Miguel Medina, era considerado como milagroso, y quienes llegaron a conocerlo siguieron creyéndolo. Una de las muestras de su don divino ocurrió cuando se acercó a su padrino Antonio, afirmó que el niño estaba en gracia y les sugirió hacer un pedido sobre el futuro de éste, bajo la promesa de no comentarlo a nadie, para que se cumpliera. Así que Antonio expresó que le encantaba Jorge Negrete y Pedro Infante, por eso pidió que Alberto fuera un gran artista. El padrino guardó el secreto hasta que, con el tiempo, Alberto se hizo famoso. Cuando su ahijado convertido en Juan Gabriel, le visitó en Parácuaro, recién le contó la anécdota de su bautizo.

Luego del bautizo, su padre Gabriel, dijo al padrino que el niño sería un rey muy rico, que alzaría a la familia. El compadre tomó este comentario como una prueba del trastorno mental que parecía sufrir su amigo.

GABRIEL
Gabriel, el padre de Alberto, nació en Jacona, Michoacán. Primero trabajó de arriero, luego como ejidatario (propietario de una tierra que trabajaba él mismo). Su propiedad se llamaba «La Coronguca». No se daba a la bebida como muchos otros, más bien era un hombre serio, responsable, que se dedicaba a labrar la tierra para sostener a su familia.

Alberto tenía recuerdos fugaces de su familia. Siempre recordaba que su mamá solía decir «¡Aquí ya es imposible vivir! Con estos precios tan altos, con esos tenderos del gobierno que gobiernan mal, no se puede vivir, ¡hasta dónde llegaremos!». Su madre había nacido en 1910, y la situación en Parácuaro era diferente en ese entonces, había varias oportunidades para la gente que deseaba trabajar, porque estaban en la época del boom azucarero y arrocero, esto permitía que se contraten campesinos. Esa razón bastó para que sus abuelos consideren viajar hasta Parácuaro.

Su abuelo materno era de Pátzcuaro, y su abuela era de Guarachita, lo que ahora se conoce como Emiliano Zapata, en México. Su abuelo paterno era José Guadalupe Aguilera Araiza, y era de Jalisco. Nació en una hacienda llamada Guadalupe. Su abuela paterna era de Jacona, su abuelo llegó allí, se casó con su abuela y emigraron a Parácuaro. Su papá, con trece años de edad, huyó hacia Parácuaro porque había embarazado a una chica de veinte años y no deseaba casarse. En aquellos tiempos Parácuaro parecía ser un pueblo con más oportunidades.

Juan Gabriel, años más tarde, compuso una canción para su padre, en la cual se puede constatar su duro trabajo como campesino, además de la tragedia que generó el trastorno mental de su padre. A la fecha no se sabe si sobrevivió o murió.

A MI PADRE

Mi padre fue un arriero
de Jacona, Michoacán.
Mi padre fue un campesino,
Mi madre por igual.
Sembrando la tierra de
sol a sol.
Dice mi hermano Lupe, el mayor,

que era un hombre trabajador,
que estaba lleno de inspiración.

Parácuaro, Parácuaro,
pueblito testigo de tanto dolor.
Tú que viste crecer a Virginia,
Lupe y a Palo, a Miguel y a Gabriel,
tú que viste morir a mi madre
esperando a mi padre
que no supo de él.
Pues aún no sé ni dónde está
la tumba de mi papá,
Unos dicen que en México,
Y otros que en Michoacán.
Unos dicen que no ha muerto,
y otros que no vive ya.

LA LOCURA DE SU PADRE

Su tía María de Jesús Gallegos de Aguilera, viuda de Sabino Aguilera (tío de Alberto), relató que su papá, es decir, Gabriel, sufría de crisis nerviosas desde mucho tiempo antes, y su padre lo llevaba a un médico de Uruapan cada dos o tres meses. Le habían recetado medicinas que negaba tomar, afirmando que no las necesitaba, sin embargo sus padecimientos se hicieron más graves y tuvieron que llevarlo a una clínica de Celaya.

El padre de Alberto, Gabriel Aguilera Rodríguez, al igual que los demás hombres del campo, se dedicaba a labrar la tierra. Antes de sembrar debía quitar las raíces para dejarla limpia, lo que implicaba sacarlas a mano, arrancando las hierbas secas o verdes, de allí que los campesinos tengan las manos callosas y cortadas. Después de arrancar estas hierbas, generalmente se quemaban, no es ecológico quemarlas, pero los campesinos no encontraban qué otra cosa hacer con las hierbas que estorbaban la tierra. A medida que se quemaba, el fuego se expandía, parecía difícil de controlar, pero luego solía volver a la normalidad. Sin embargo, cuando hay aire esta actividad se vuelve difícil.

En una ocasión, cuando don Gabriel se encontraba realizando esta tarea, el viento sopló con fuerza. Gabriel se sorprendió, pero poco tiempo después se desesperó, pues ya no podía controlar el fuego. Se secó la frente sudada, y sin preverlo, el fuego había alcanzado grandes dimensiones, incluso se había extendido a las tierras colindantes ya sembradas. A estas alturas Gabriel ya no podía controlar la situación. El humo era grande, no podía respirar, se sentía asfixiado. Le dio pánico, más aún cuando observó que un grupo de campesinos se acercaba para quejarse, entonces corrió en dirección al río y se lanzó a las heladas corrientes.

Su reciente asfixia con el humo, el calor, y la situación le hicieron complicada la respiración, además, la corriente del río iba en contra. Los mismos campesinos que se habían acercado a reclamarle, lo salvaron del río y le hicieron ingresar al hospital. Poco después de salir, Gabriel ya no era el mismo, ahora se dedicaba a caminar sin sentido por los ranchos y las calles de Parácuaro junto a un perrito llamado Mosaico, al que le hablaba: «Órale, Mosaico, no te quedes allí que si nos alcanzan nos matarán».

Así huía de una situación que no sucedía, deambulando, cruzando chacras, saltando cercas. En su rostro había una expresión de sufrimiento, pero no era el único que sufría, también sufría su señora Victoria y sus hijos.

Para que no suceda un posible hecho fatal, su familia y los amigos le encontraron y le condujeron a casa de sus padres, además, le avisaron a la policía sobre su caso. Su compadre Antonio le inspiró calma. Luego de almorzar, Gabriel se quedó dormido, y allí empezó la intervención. Le ataron las manos y no le dieron opción a escapar, inmovilizándolo y llevándolo a una celda de la cárcel de Parácuaro. La comadre Esperanza lloraba, al igual que su hermana y su mamá Beatriz. Los testigos también lloraron al entender la realidad de Gabriel y la nueva realidad de su familia. Al día siguiente, el comandante Francisco visitó la casa de su compadre Antonio y le expresó:

«No nos es posible ingresar a la celda porque su compadre tiene unos tabiques y amenaza con asesinarnos si lo hacemos. Si usted entra y le ve, tal vez haga más fácil las cosas».

Cuando fueron, Gabriel se encontraba hablando incoherencias agresivas a la policía. El compadre intercedió y entonces Gabriel dejó a un lado los tabiques y le dijo: «Somos compadres aquí en presencia de Dios, por eso no te mataré».

Como Gabriel había puesto sus manos hacia atrás, el compadre Antonio le dijo: «Deja que te hagan lo que le hicieron a Jesús, Gabriel». Entonces se lo llevaron a ciudad México amarrado. Ya en ese entonces su condición psicológica era grave. Hablaba con las paredes de adobe recordando el nombre de cada uno de sus hijos: «Vámonos hijitos, vámonos juntos al cielo». Luego solicitó beber agua, le dieron. Mientras tomaba decía: «báñate Lupito, báñate Virginia», y siguió nombrando a todos sus hijos, pero a quien nombraba más era al pequeño Alberto, diciendo que sería rico y rey, además, decía que irían al cielo todos juntos.

Su hija Lupe ya se encontraba esperando a su papá, quien, fuerte como una bestia se encontraba sumiso, y sería llevado a México para internarlo en La Castañeda, pues según veían todos sus seres queridos, no quedaba otra salida. Así que le condujeron a la estación de La Tuna para tomar el tren.

Pasaron unos meses y Gabriel se escapó para regresar a Parácuaro, no se sabe cómo lo hizo. Logró hallar a su esposa y a sus hijos. Virginia, la hermana mayor de Alberto, le contó que ella siempre soñaba que su papá regresaba de repente, y así sucedió. Esa noche, cuando su señora Victoria le encontró parado en la puerta le dijo: «¿Qué haces aquí? ¡Qué barbaridad!» Gabriel contestó: «Dicen que estoy loco, pero me he escapado. No estoy loco, vine a estar con ustedes».

Quería que le permitan levantar al niño entre sus brazos, su esposa tenía miedo, pero aun así se lo dio. Comunicó de lo sucedido a sus suegros, sin que él se diera cuenta. Esa noche Gabriel pasó un día con su familia después de mucho tiempo. Las personas de su entorno se sentían recelosas, se preguntaban si realmente ya estaba curado de sus males mentales, y si se podría enfermar otra vez si es que ya estaba curado.

Estas dudas crearon una situación de poca naturalidad que llevó a una discusión descontrolada entre su hermana Esperanza y su señora Victoria. Esperanza creía que la responsabilidad de la salud actual de Gabriel se debía al poco cuidado de Victoria. La discusión se tornaba más encendida, cuando Gabriel, iracundo, se salió de control, golpeó a su hermana, le ató con una soga y después la arrastró. Su padre decidió que Gabriel debía volver al centro psiquiátrico.

Transcurrió el tiempo, el hermano mayor de los Aguilera, José Guadalupe ya tenía quince años de edad y había decidido viajar a México para visitar a su padre, que aún se encontraba recluido en un nosocomio. Logró reunirse con su padre, y con gran tristeza escuchó: «Vámonos a Parácuaro, allá con tu mamá, sácame de aquí. ¿Qué hacemos aquí? ¿Dónde estamos? ¿Por qué estamos solos?». Le contó que en ese nosocomio no le trataban bien: «Me dan toques y desde temprano me bañan con agua helada. Creen que estoy loco, pero ellos son los que están locos».

Cuando el joven José Guadalupe se despidió de su padre, tuvo el presentimiento de que nunca más lo volvería a ver. Luego declararía:

«A mi papá le tuvieron que engañar para llevárselo. Le prometieron que estaría allí por un corto periodo de tiempo y que lo visitarían siempre. Sí estuvieron pendientes, pero con el tiempo, él huyó. Lo buscaron en diferentes pueblos cercanos al Distrito Federal de Michoacán, pero nada. Se dice que papá supo cuando nuestra madre se llevó a los hijos hacia Juárez, que quiso buscarlos. Sin embargo, nunca más supimos de nuestro padre Gabriel. Para entonces él tenía entre treinta y cinco a treinta y nueve años».

Más tarde Alberto, ya hecho un hombre, diría: «Yo no sentía nada cuando me decían algo de mi papá. Yo no lo conocí».

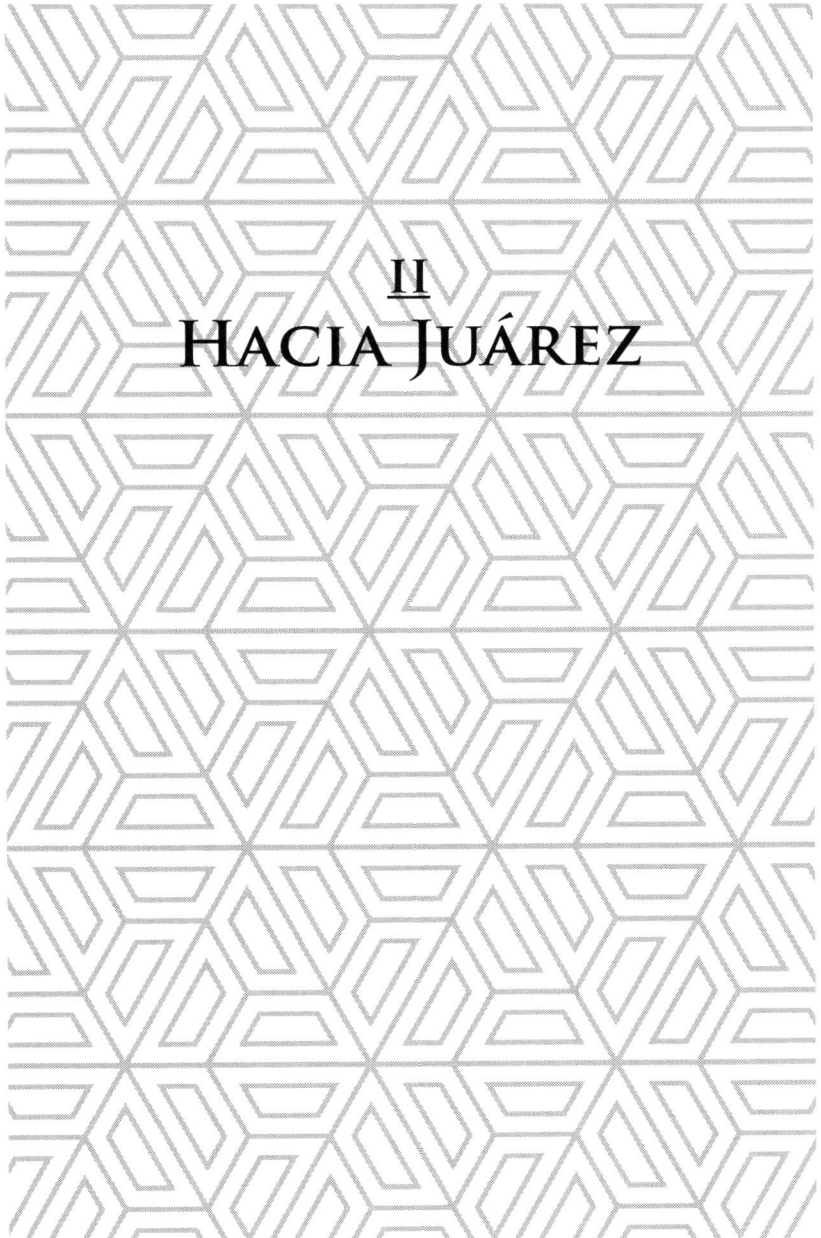

II
Hacia Juárez

UNA MADRE SOLA

Alberto Aguilera Valadez tenía solo tres meses de edad cuando ocurrió la desaparición de su padre, por ello, solo lo conoció mediante las historias de sus hermanos y su madre. Alberto Aguilera narró en una ocasión que, cuando halló a su hermana Virginia, después de muchos años, ésta recordó un hecho curioso cuando él tenía un año de edad: en visiones, veía a su padre regresar a casa. Virginia era una chica sentimental, que siempre pensó en su familia y se hizo cargo de Alberto, como hermana mayor.

El cantante siempre se mostró agradecido con ella, incluso llegó a dudar de su madre, creyendo que en realidad era hijo de Virginia. Lamentablemente no fue así. Alberto tuvo una madre presente los primeros años de su vida, pero nunca sintió el amor que necesita un niño. Siempre anduvo hambriento de amor materno, mas nunca logró llenar esa parte de su vida.

24

Alberto afirmaba no sentir nada por su padre porque nunca lo había conocido, pero que su hermana sueñe con él, le causaba mucha tristeza, especialmente cuando la veía llorando. Según Alberto, casi nunca pensó en su padre, nunca soñó con él, pero quisiera haberlo tenido cerca para que no sucediera la tragedia de su desaparición. Solía animarse pensando que si hubiera estado con él, éste no hubiera tenido tan aciago destino.

El dolor de esa desintegración familiar y la ausencia de su madre lograron ampliar sus horizontes de comprensión, pero a la vez le produjeron un sentimiento de soledad que solo pudo llenar con la música. Su única salida siempre fue avocarse al arte, en todos los sentidos. Pero ubiquémonos en sus escasos años, cuando solo era un niño desvalido.

Victoria, madre soltera o viuda, en ese entonces, caminaba sola, lo cual representaba un peligro para las demás mujeres pueblerinas, pues muchos hombres se sentían atraídos por ella y le cortejaban o le acosaban. Parácuaro, entonces, ya no era el pueblo que le había albergado tan cálidamente, ahora era un lugar insostenible, donde abundaban murmullos y chismes. Además, los vecinos la evitaban.

Sus hijos, ahora huérfanos quedaron en la nada, pues ya no tenían ni tierras que labrar ni consideraciones por carecer de una familia constituida, lo cual era importante para ese pueblo. Es entonces que Victoria, una mujer sola con sus hijos, abandona el pueblo caminando. No sabe cómo se mantendrá con sus hijos, pero sigue caminando un largo recorrido, pasa por Apatzingán, por Morelia, hasta llegar a la Ciudad Juárez. Una amiga va a su encuentro, es una amiga de hace años,

María Romero de Mora, quien le consuela y con la que puede hablar de su tragedia. Le permite hospedarse en un pequeño cuartito en la parte de atrás de su casa.

Doña Victoria no sabía cómo enfrentarse al presente con sus hijos, se sentía completamente abandonada por su marido, por su pueblo. No tenía nada de que asirse.

No vivió mucho en el cuartito que le permitió su amiga lejana, los problemas llegaron muy pronto: los seis hijos, huérfanos de padre, peleaban todos los días con los cinco hijos de María, generando tensión y problemas.

Por su parte, la hermana mayor de los Aguilera, Virginia, cuidó de Alberto que era el más pequeño. Lo cuidó hasta que éste cumplió dos años, porque su madre trabajaba. Sin embargo, el clima de Juárez era peligroso, los niños corrían sin supervisión de los padres, participaban de juegos peligrosos, apostaban canicas, o iban por una soga para jugar a saltar. Luego todo terminaba en peleas y en pequeñas pandillas.

Su madre, ocupada siempre de trabajar, decidió internar al pequeño Alberto de tres años en una escuela. Allí empezó su soledad. La razón de las pocas o nulas visitas de su madre, Juan Gabriel, es decir, el pequeño Alberto, no la supo o nunca quiso saberlo. Lo único que sabía era que su mamá estaba lejos y que la extrañaba. Siempre vivió con esa carencia de madre y nunca dejó de dolerle no haber vivido a su lado.

Varias de sus composiciones musicales fueron dedicadas a su madre, ella fue una de sus mayores inspiraciones, porque buscaba deseos de aprobación.

LA POLÉMICA DE «AMOR ETERNO»

En muchas ocasiones Alberto Aguilera, dijo que una de sus más populares composiciones, *«Amor eterno»*, fue escrita a su madre. Este tema le producía tantas emociones que no podía cantarlo sin que se sintiera calmado, de lo contrario le dominaba la tristeza y le ganaban las lágrimas. Gracias al público encontró ese amor carente, allí encontró la recompensa por cantar un tema tan doloroso, que se convirtió rápidamente en el himno a las madres. Sin embargo, sobre este tema hubo muchas polémicas.

Hay diferentes versiones sobre la musa inspiradora de esta canción insignia de Juan Gabriel.

Una da cuenta de que Amor eterno fue la canción que dedicó a la memoria de su mamá, la señora Victoria Valadez, fallecida el 27 de diciembre de 1974, cuando él apenas despegaba su carrera, tal como lo narra el periodista Gustavo Pérez, residente en Ciudad Juárez y estudioso fan de la vida del intérprete.

«Cuando recibió la noticia el artista estaba en Acapulco y por eso menciona a esta ciudad turística en su canción. En cada concierto Juan Gabriel dice que está dedicada con cariño y respeto a todas las mamás», dijo Pérez.

En una entrevista para televisión, el mismo Juan Gabriel comentó que escribió ese tema a su progenitora y que «más que una canción, esta es una oración. Fue un cariñito para ella».

Sin embargo, el abogado mexicano Joaquín Muñoz Muñoz, exmánager del Divo y quien escribió el libro Juan Gabriel y yo, una biografía no autorizada del artista, le manifestó a El

País que Amor Eterno está dedicado a Marco, una pareja del cantante, con quien vivió dos años.

«Marco se fue con unos amigos a acampar a Popocatepel, un volcán que hay aquí en México y se pusieron a jugar a la ruleta rusa y a Marco le tocó el tiro. La mamá de Marco habló a Acapulco donde estaba Juan Gabriel y llorando le dijo: "Juan Gabriel, Juan Gabriel, Marco se murió. Juan Gabriel, Juan Gabriel, mi hijo está muerto". Por eso es que él escribe: "oscura soledad estoy viviendo, la misma soledad de tu sepulcro, tú eres el amor del cual yo tengo el más triste recuerdo de Acapulco".

«Cuando estábamos distanciados él y yo (ellos tuvieron un pleito por la publicación de la biografía no autorizada), —continuó Muñoz—, él lo único que hizo fue agregar la palabra mamá y no pasó nada, porque él es el autor de la canción».

«Él dice: "Amor eterno e inolvidable, tarde o temprano estaré contigo para seguir amándonos", con la mamá no se puede estar amando así. Él canta la canción en Bellas Artes y le pone la palabra mamá, pero no dijo esta canción se la escribí a mi mamá. Dijo, voy a cantarla con mucho cariño a todas las mamás que han venido esta noche a visitarme y en especial, a aquellas que se encuentran allá, y señala hacia arriba, apunta a las mamás que están en el balcón del teatro. Él nunca dijo: "esta canción se la hice a mi mamá"».

Pérez aseguraba que temas del artista como Querida, Lágrimas y lluvia y Mis ojos tristes, también fueron dedicadas a la memoria de su mamá.

28

El productor técnico de conciertos Rodolfo Delgado, Rodeblam, manifiesta que inspirado en la mamá, Juan Gabriel compuso también Hasta que te conocí. «Mucha gente piensa que la dedicó a un amor, pero no, se la dedicó a su madre, porque fue hasta que la conoció, hasta cuando la trató, que conoció el verdadero dolor. Ahí demuestra su rabia de nunca haberla podido tener a su lado».

RECUERDOS DE JUAN GABRIEL

Esa etapa, Juan Gabriel la recordó en su última entrevista con una enternecedora frase: «No sabían qué hacer conmigo, pero después no sabían qué hacer sin mí».

Juan Gabriel vivió para conseguir el cariño y aprobación de su madre, pero jamás lo logró, ni siquiera cuando le compró la casa donde ella trabajó de sirvienta en Ciudad Juárez y se la regaló.

En su última entrevista señaló que había aceptado llevar a la pantalla «Hasta que te conocí», porque quería que su vida sirviera de ejemplo para que las madres amen y respeten a sus hijos. «*Abrácense*», fue el último consejo que dio Juan Gabriel desde su corazón.

Alberto Aguilera dio por acabada la relación con su madre, cuando al llegar a su casa en la ciudad de México, pidió sacar una fotografía que había de su mamá en la chimenea, expresando que no conocía a «esa mujer».

Se dice que la canción «*Hasta que te conocí*», sí estuvo dedicada a su madre.

III
El Internado

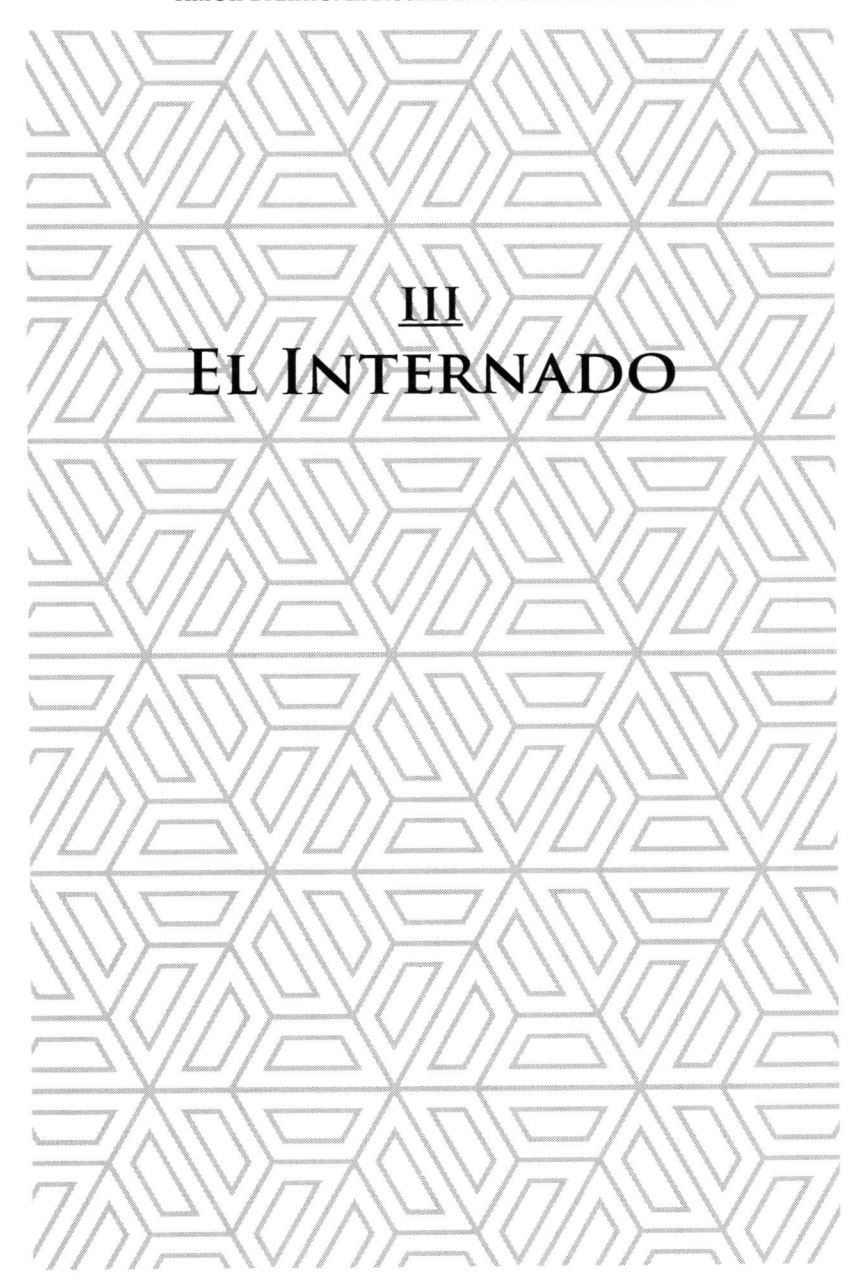

LA PROFESORA MICAELA

La profesora Micaela conoció a Alberto en las calles, lo vio vagando, ofreciéndose a limpiar carros y ayudando a cargar las bolsas de compras de la gente que volvía de El Paso, Texas. La primera imagen que tuvo de él, fue la de un niño muy pequeño y abandonado, buscando subsistir en la miseria.

Entonces se decidió a hacer algo por él y emprendió la búsqueda de su familia para realizar una evaluación social, de ese modo podría tener más posibilidades de ayudarlo con su educación. Era la única salida para evitar el peligro de los ambientes callejeros en un niño.

Alberto Aguilera tenía cinco años y la profesora Micaela trabajaba en la escuela primaria, escuela de internado, guardería de niños y de menores infractores.

32

Micaela, intentó convencer a la madre de Alberto de brindarle un mejor futuro gracias a la educación. Le advirtió que el niño no debía vivir en la calle, ni trabajar, ni tener responsabilidades económicas como un adulto. Le habló del internado y le dijo que allí le alimentarían, le cuidarían mejor de lo que su familia podía hacerlo. Victoria aceptó la intervención y poco después le comunicó a su hija Virginia que internaría a Alberto.

Alberto Aguilera contó que su hermana reaccionó con afán protector. No deseaba que lo internen, temía por ese lugar, creía que conviviría junto con niños infractores. Su madre contestó: «¿Y, acaso, tú te harás cargo de él? —ante la dubitación de la adolescente, la madre añadió—: Es muy travieso. Lo voy a internar».

Alberto, muchos años más tarde, contó que cuando tenía cuatro años, sucedió un robo cerca de su casa. Cuando llegaron los investigadores, les indicó los lugares por donde pudieron entrar, seguir su camino y huir. Estas pistas sirvieron para encontrar al ladrón, por lo cual, dada la imaginación fructífera del niño, los hombres de la policía dijeron a su hermana Virginia que cuando sea grande, sería muy listo.

Una vez, un hombre llamado Camerino le dijo a Victoria que podía hacerse cargo del niño, pero la madre no sintió la suficiente confianza porque la esposa de este señor tenía mal carácter y le daba malos tratos a su propia niña. Sin embargo, el divo bromeaba diciendo que desde niño ya tenía un camerino asegurado, haciendo alusión al nombre del hombre que lo quiso adoptar.

Victoria, en ese entonces era joven y deseaba volver a tener una vida más llevadera junto a otro hombre, además, sentía que con la ayuda del internado, ya podría tener más tiempo para ella. Alberto, siendo un niño, deseaba volver a casa y no comprendía su realidad. Sentía que nunca perdonaría a su mamá por matricularlo en el internado.

Pero Alberto no solo sufría por vivir en un ambiente totalmente diferente como era el internado, sino que sufría porque nunca recibía visitas. Ante el reclamo de sus hermanos, la madre dijo que podía ser una mala decisión, pero que de igual manera no podría hacerse cargo del niño. Luego acotó, que si alguien deseaba cuidarlo y darle atención, solo debía ir con la dirección del internado y recogerlo. Esa fue la razón de la oscura soledad del niño Alberto, que en más de una canción relataría.

Virginia, su hermana predilecta, no pudo ir porque estaba a punto de celebrar su boda, y sus demás hermanos estaban haciendo su vida como podían, muchos de ellos ya tenían su propia familia. Ninguno de sus hermanos quiso asumir la responsabilidad económica de la alimentación, escuela, y tiempo requerido para un niño. Así que, aunque les causaba mucha tristeza, le negaron su calor.

El consuelo de su madre era que al menos ahora sabía dónde encontrarlo, puesto que en la frontera los niños se volvían vagos. Su madre solía decir que ya se había perdido una vez y no quería que esto vuelva a pasar.

Años más tarde, Alberto Aguilera declararía: «Para mí es fácil ser mi mamá, mi papá, ser mis hermanos, y sobre todo, ser el niño que se perdió. Tuve que perdonar a mi madre, a mis hermanos, que no se hicieron cargo de mí, ni siquiera fueron a visitarme. Lo menos que pudieron hacer es visitarme de vez en cuando, para saber cómo estaba. Ni Virginia ni mis hermanos lo hicieron; mi mamá me visitó algunas veces. Por eso tuve que perdonarlos».

Alberto entró a la sección de guardería de la escuela, donde se cuidaban a los niños más pequeños; él apenas tenía cinco años, pero era muy vivaz, solía hacer muchas preguntas y era más hábil que otros chicos.

La profesora Micaela quedó muy sorprendida, por eso solicitó al doctor Daniel Cortés y a la profesora Aída Llanes, responsables del Departamento de Psicología, que le realicen exámenes de personalidad. Los resultados arrojaron que el niño de cinco años tenía un coeficiente intelectual muy alto, más de lo normal y que mentalmente se encontraba sano. Por esa razón, la profesora se comprometió a encargarse de su educación, alimentación y conducta hasta que cumpla los siete años, edad en que cursaría la primaria.

Con el fin de estar cerca de él y entretenerlo, le propuso realizar tareas de oficina: acomodar los cajones de un escritorio, ordenar utensilios de librería y tareas similares.

El niño era ordenado, limpio, se bañaba dos veces al día, se ponía ropas limpias. Le gustaba trabajar. No tardó en aprender a leer, escribir, contar y decir la hora del reloj antes de ingresar al primer año de primaria. Le encantaba cantar y tocar una guitarra chiquita que pedía prestado a cambio de diez o veinte centavos por una hora. La alquilaba todos los decía con el peso semanal de su domingo.

UN NIÑO SOLO

Tenía un amigo que se llamaba Domingo Holguín, que era inspector de policía. A este inspector le agradaba que el pequeño cante y sentía simpatía por él. Años más tarde seguía sintiendo cariño por él, y le pedía que le cante Nuestro amor, de Cuco Sánchez. Además le daba unos centavos de propina. En ocasiones el niño iba junto a la profesora Micaela al centro, eso le hacía más agradable su infancia.

Ingresaba a las clases de canto, aunque no formaba parte de ningún grupo. El profesor Víctor Solares, le dejaba entrar a sus clases de música, de esa manera aprendió a cantar y empezó a formar parte de los coros.

Ya desde esa edad se mostraba meticuloso con todo lo que había a su alrededor. Por ejemplo, no le agradaba que le sirvieran la comida en el mismo plato, pero hacía una excepción cuando se trataba de su plato favorito: arroz con frijoles. También le gustaba la nata de leche, tanto que lograba hacerse de más raciones, con descontento de la cocinera.

Era un niño sensible. Si observaba que su profesora Micaela estaba con problemas o triste, se acercaba a cantarle *Linda morenita*, para que se alegre.

Pese a los mejores cuidados que le brindaba el internado, a comparación de la vida en su casa, Alberto no era feliz. El internado siempre deja marcado a los niños, de manera que no se sabe cómo serán en el futuro, cuál será su conducta y qué pensamientos tendrán. Hay niños con diferentes reacciones:

unos juegan todo el día para olvidarse de su abandono, otros estudian todo el día para sentir su mente ocupada, otros se abandonan a sí mismos y andan sucios, ya nada les importa. Otros se vengan de su familia olvidándose de ellos para siempre y se tornan agresivos. Otros no comen y quedan traumatizados. Alberto no era la excepción. También sufría y mucho.

Cuando la escuela armaba festivales, Alberto participaba y ayudaba en la decoración del patio principal. Los festivales que más le encantaban eran los que se dedicaban al niño, a la madre y a la navidad. Siempre le producía alegría ayudar a armar el nacimiento y el árbol.

Al contrario de lo que se cree, no era un pequeño retraído ni tímido. Además, se defendía solo. No le gustaba perdonar ni olvidaba con facilidad las ofensas. Siempre estaba convencido de tener la razón, y cuando se enojaba peleaba.

Cuando cumplió los siete años ingresó a la primaria. La maestra Micaela, años más tarde, recordó que Alberto se memorizaba las canciones velozmente, también los personajes, anécdotas y las respuestas. Aprendía de otros rápidamente y era muy observador. También era muy intuitivo y eso le permitía adelantarse a la respuesta. Era lógico que a un niño de esta naturaleza, el sistema de enseñanza le parezca aburrido.

JUANITO

En ese tiempo, los grupos de niños debían realizar dos horas diarias para aprender oficios en diversos talleres. Fue así que Alberto aprendió carpintería, impresión, panadería, encuadernación y a realizar trabajos con cueros. En esos talleres conoció a un anciano llamado Juan Contreras, quien enseñaba el oficio de hojalatería, el cual sintió agrado por Alberto, hasta el punto de sentir mucho cariño por él. Lo llamaba «Mi Juanito». El anciano sabía tocar algunos instrumentos musicales como la guitarra y violín. Estos conocimientos se los transmitió al niño Alberto.

Juan Contreras fue una figura clave para su carrera musical porque le enseñó a tener una relación más seria con la música, y además, le motivaba a cantar. Alberto, por su parte, sentía que Juanito era el padre que encontró, o el abuelo que no tuvo a su lado.

Más tarde, hecho un divo, Juan Gabriel recordaría que Juanito, el hojalatero, le enseñó a construir sillas de juguete, canastas y otros juguetes. Estos juguetes los vendían, o en ocasiones servían de regalo, en nombre del internado, a las personas que venían del gobierno. Cada juguete valdría veinte o treinta centavos. Sin embargo, el trabajo de los artesanos nunca se apreció en toda su magnitud.

Juan Contreras era en ese entonces un anciano muy delgado que emigró de Zacatecas, durante la Revolución. Llegó a Juárez huyendo porque asesinaron a Francisco Villa en 1920 en la Hacienda de Canutillo. Solía trabajar en Fresnillo, con una banda que tocaba en la plaza, o con algún otro grupo, pues en las bandas no se usaba el violín.

Gracias a ese anciano interesante, Juan Gabriel aprendió a ganarse la vida, pero sobre todo, se llevó consejos que siguió tomando en cuenta en su vida adulta. Estos consejos incluían el respeto a las personas, el amor al arte, el valor para superarse, la gratitud y la defensa de los derechos de propiedad y de uno mismo.

El niño Alberto aprendió hojalatería, pero también aprendió a hacer lo que más le gustaba: a hacer música. El internado fue una experiencia que le dejó grandes enseñanzas, pero estas enseñanzas estuvieron marcadas por la falta de amor.

Los niños del internado podían, a veces ser muy crueles. A quien le faltaba un brazo le decían «El Remo», al que le faltaba un diente le decían «El Molacho», al que usaba anteojos le denominaban «El Cuatro Ojos». El anciano Juan no era la excepción, también se burlaban de él porque era sordo. Le gastaban bromas. El viejo contestaba «¿qué?, qué?», pero los niños le decían una cosa y luego otra. Le decían «¿verdad que usted es loco?» y el anciano respondía «sí mi hijo, sí hay focos». Los niños se reían en su presencia, pero él nunca se enteraba. Estos comportamientos no le gustaban nada a Alberto.

Un día le dijo: «Aguilera, nunca seas como ellos, tú eres un niño muy inteligente». De ese modo Juan Gabriel se prometió nunca ser como los demás, quienes eran muy crueles y burlones.

Alberto siempre estaba escribiendo canciones, esto no era sorpresa; pero lo que sí le causó sorpresa a sí mismo, fue encontrar varios papelitos con canciones. A esa edad ya escribía mucho.

En una ocasión el anciano Juan Contreras le preguntó dónde estaba su familia, pero el niño no sabía nada sobre ellos. El anciano se sentía extrañado porque nadie lo venía a visitar. Sabía que el niño Alberto estaba solo.

Juan Contreras influenció mucho en la formación artística de Alberto Aguilera (Juan Gabriel). Una vez, cuando conversaban sobre un arreglo musical, el anciano le había dicho que debía evitar los sonidos agudos. La razón era que los agudos de violín o flauta le resultaban incómodos al oído porque, usaba un aparato que le permitía superar su sordera, eso hacía que los sonidos agudos le afecten.

En sus comienzos el anciano Juanito le enseñaba las notas musicales do, re, mi, fa, so, la, si do, con un teclado dibujado. El pequeño Alberto no entendía bien, pero después fue comprendiendo. Gracias a él dio sus primeros pasos en la música. Le solía animar a que cante en las fiestas, también a bailar. Y cuando estaba en el escenario se convertía en otro niño, en uno más feliz y realizado.

A pesar de tener a esa figura paterna, Alberto no se sentía a gusto en el internado, pues sus compañeros eran muy diferentes a él. En una ocasión se encontraba bastante angustiado por quedarse en el internado encerrado, sin nadie que lo recoja, de tal modo que cuando una de esas fechas llegó su madre, la encerró en la misma casa donde ella trabajaba como empleada del hogar. Pensó que de ese modo ella se animaría a sacarlo del internado, pero eso no sucedió.

Un recuerdo muy hiriente del divo era la fecha del día de la madre, porque se hacían fiestas en el internado, pero su mamá no iba. Sin embargo él cantaba para las madres de sus compañeros, si no lo hacía bien se le castigaba con un pellizco. Nunca se le golpeó, pero sí se usaban pellizcos.

Hasta que un día huyó del internado sin terminar la primaria, solo se quedó hasta el quinto año. No fue en busca de su hermana Virginia porque ella ya se encontraba viviendo con un hombre. Decidió buscar la casa de su viejo amigo Juan, y se fue con él y su familia.

Se las pasó vendiendo artesanías y a los trece años empezó a merodear en la noches por la Ciudad de Juárez. Pensaba que podría conseguir una oportunidad para convertirse en cantante. A la vez, trabajaba como mesero y ayudante de cocina. Durante este tiempo siguió viviendo con el viejo Juan. A veces no llegaba a su casa, porque se quedaba a dormir en el bar Noa-Noa o el cabaret Boom-Boom.

Sin embargo, el recuerdo de mamá estaba en su corazón. Así que obedeció al impulso de ir a verla. Fue a su encuentro.

EL NOA-NOA
El Noa Noa es una de las creaciones más cantadas del Divo de Juárez, Juan Gabriel. «Este es un lugar de ambiente donde todo es diferente», cita en su canción, al referirse a un bar que se encuentra ubicado cerca al puente internacional fronterizo, en el centro de Ciudad Juárez, en el que, de acuerdo a su historia autorizada, le permitió darse a conocer al público como cantautor el año 1966. Allí, Alberto Aguilera Valadez debutó en el Noa Noa con una versión de Adoro, clásico éxito de Armando Manzanero.

Un lugar de ambiente
La canción describe al Noa Noa como un bar y salón de baile, un local dedicado al entretenimiento, sin embargo se dice que también pudo ser un bar de encuentro de la comunidad homosexual, lo cual no tendría nada de asombroso, si es que la canción no hubiera inmortalizado el local. Parte de la letra lo confirmaría: «Un lugar de ambiente, donde todo es diferente».

El Noa-Noa se incluyó en el álbum Recuerdos (1980), y un año después se lanzó como single.

Versiones
Massiel, cantante española, grabó una versión en 1981 con ritmos lentos y fue incluida en su álbum Tiempos difíciles (1981). Las mexicanas del trío Pandora también hicieron una versión de esta canción en un popurrí el año 1991. Esta canción también ha sido interpretada por el argentino Vicentico, los chilenos Fother Muckers y la actriz Lucía Méndez.

Se dice que existe un filme anónimo en el que Juan Gabriel actuó, inmortalizando al Noa Noa. En febrero de 1994, el Noa Noa se incendió por un corto circuito y el negocio fue abandonado. Antes de ser derrumbado para convertirlo en estacionamiento en 2007, un centro religioso lo tomó como local para rehabilitar adictos a las drogas.

A la muerte de Juan Gabriel varios seguidores le rindieron homenaje dejando flores frente de lo que fue el Noa Noa original, ahora convertido en estacionamiento.

IV
Un Adolescente En Las Calles

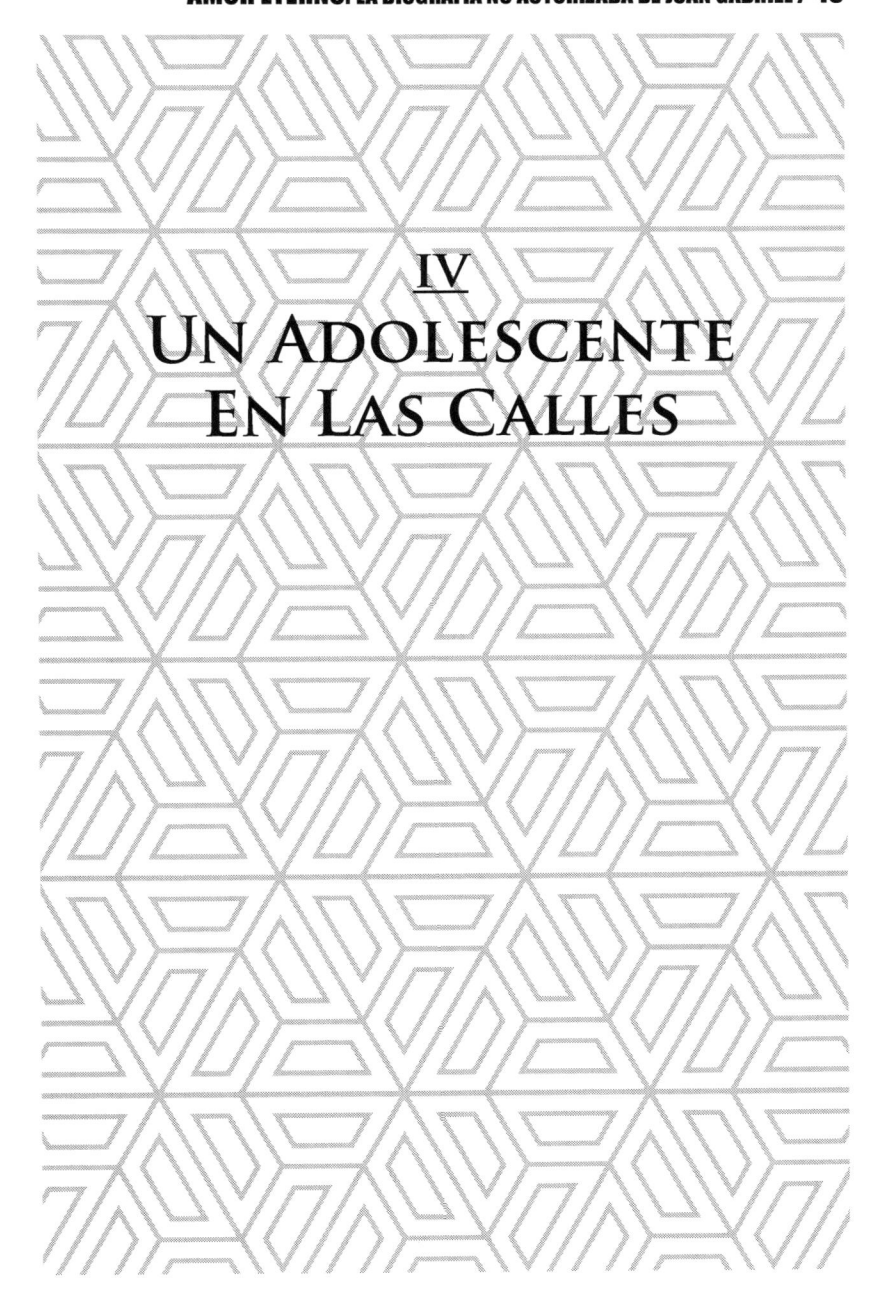

DÍAS DE HUIDA

Durante toda su estadía del internado, Juan Gabriel solo había recibido tres visitas de su madre. Desolado, solía mirar el encuentro entre sus compañeros del internado y sus familias. Nunca quiso encariñarse con ningún amigo de su edad porque siempre supo que un día su familia lo recogería y nunca más sabría de él. No deseaba volver a experimentar el abandono. Así que se volvió solitario.

Aparte del anciano hojalatero, otro de sus consuelos era la radio. Le gustaba oírla, aun cuando se dio cuenta que adentro no había ningún hombre, como había pensado a los tres años. Solía recordar la letra de una canción que decía: «Señora, ¿no me vende usted ese perrito?, yo se lo quiero comprar, me gusta por bonito y cariñoso».

Como tenía asignado ciertos quehaceres en el internado, se encargaba de sacar la basura en un basurero exterior. Fue así que se aventuró a escaparse un día de tantos en los que tenía encomendada dicha tarea. Salió con la basura, igual que siempre, pero esta vez no volvió.

Decidió buscar a su mamá. Ella se encontraba en el terreno que había ocupado con un grupo de invasores en búsqueda de un lugar dónde habitar. Su madre logró apropiarse de una parte de esa tierra y les dio otros terrenos a cada uno de sus hijos: a José Guadalupe, Pablo, Gabriel, Miguel y Virginia. Los hermanos vivían allí, pero nadie construyó las paredes de la casa de su mamá, tampoco le hicieron la letrina.

Cuando Victoria supo que su hijo Alberto había huido del internado se sorprendió, pero más que ello se enojó, pues no podía atenderlo porque ya vivía al lado de un hombre. Sabía que eso podría traer discusiones en la nueva pareja. Alberto se sintió enojado, celoso, se agitó de ira. Se sentía sobre todo angustiado, porque su madre, teniéndolo presente, lo rechazaba. Él, que había huido del internado feliz, con la esperanza de ver la sonrisa de su madre. Había planeado escapar con antelación, esperando este momento, pero la realidad era diferente.

Victoria lo regañó, por su parte Alberto no entendía por qué Victoria no lo quería junto a ella, ni por qué no lo extrañaba. Victoria se sentía irritada, pensando en los conflictos que deseaba evitar con su pareja a causa de la estadía de su prófugo hijo. Se comportó de manera distante e indiferente.

Alberto siente que se debe ir, que es su destino separarse de ella. Ya no desea molestarla y regresa nuevamente a la casa del anciano Juan Contreras, su eterno refugio. A los tres días,

Victoria lo busca y le persuade para que se dirija a Parácuaro, donde viven sus hermanos mayores. Piensa que eso podría ser beneficioso para Alberto, para que tenga dónde estar y a la vez, ella pueda seguir viviendo su vida.

La pobreza de la casa de Parácuaro era muy expresiva, era de adobe y el techo de tejamanil. Eso le causó mucho dolor. Para su familia no era triste porque aunque eran pobres allí habían vivido juntos, pero para él era una casa ajena. En ese momento pensó en Juanito, pensaba que él podía protegerlo de esa pobreza, allá en Ciudad Juárez, o de la otra posibilidad, que era regresar al internado si es que no se quedaba allí. Sin embargo, se quedó en ese lugar casi un año.

LA PRIMERA CANCIÓN

«*La muerte del palomo*» fue su primera composición musical. Se la dio a conocer a su hermano José Guadalupe, pues deseaba que su hermano la cantara junto a él para poder retenerla en su memoria. Su hermano solo le observaba cantar con recelo y le preguntaba si en realidad él había inventado esa canción. No le creía, pensaba que tal vez la podía haber escuchar en una estación de radio y que se le había quedado grabado en la mente de su hermano. Luego le amenazaba para que no le mintiese. Alberto le mostraba su cuaderno y le decía que de verdad la había compuesto él, y que además estaba componiendo otra.

Juan Gabriel compuso «*La muerte de palomo*» durante sus días de internado, inspirado en lo que ocurrió en el patio del reformatorio, cuando unos niños mataron a un palomo que se encontraba en un tejado. Algunos dicen, sin confirmación alguna, que también él quiso enviarle un mensaje a su padre que jamás tuvo la oportunidad de conocer a fondo.

SOBREVIVIENDO

Soñaba con ser un artista en la Ciudad Juárez; sin embargo, ahora vivía una realidad muy distinta en Parácuaro. De modo, que decidió ir a buscar su destino. Quería expresarse en la noche, como es característica de los músicos, y aparecer entre luces.

Victoria sentía que su hijo se descarrilaba e pensaba que en Parácuaro llevaría una vida en la cual podría sobrevivir. Le pidió a Alberto que se quede, pero él tenía un deseo, y decidió marcharse. Victoria tuvo que regresar con él a la frontera.

Cuando llegaron a Ciudad Juárez visitaron a Virginia, quien en ese entonces vendía burritas con tortillas de harina que ella misma preparaba. Alberto se encargó de vender las burritas a los amigos que había conocido en bares, calles, fábricas, tiendas, estación de taxis y microbuses.

Un día, mientras vendía burritas por el cruce de La Paz y Noche Triste, le llegaron cánticos religiosos, pertenecientes a un templo metodista. Su curiosidad le hizo entrar, se quedó inmóvil presenciando la escena, con la olla de burritas en un brazo. Esa olla de burritas hizo que se interesaran por él, así que le preguntaron sobre él. Alberto les narró su vida, y las hermanas del templo enseguida sintieron simpatía por él.

Las hermanas se llamaban Leonor y Beatriz Berumen, eran muy cariñosas, de modo que para ayudarlo le dijeron que podían darle un trabajo en el templo, además le permitirían vivir con ellas. Alberto aceptó. Desde entonces se dedicaba a asear el templo, leer la Biblia, aprenderse pasajes enteros para recitarlos a los creyentes todos los días de culto. Lo que más satisfacción le causaba era la posibilidad de cantar en el coro. Allí entabló amistad con el pastor de El Paso, Texas. El pastor le recomendó para que trabaje en un templo de Elsenore, el cual quedaba en California. Alberto nuevamente aceptó, dejando a las hermanas que eran sus amigas, dejando atrás a Virginia, la olla de burritas y a sus amigos de la calle que le compraban.

Casi todas las personas de ese lugar de California era de raza negra. Allí se quedó por seis meses con una familia de la comunidad. Esos días enriquecieron su vida: además de conocer el amor de las personas expresado por medio de himnos, conoció en mayor detalle lo que eran las voces de los coros: mezzosopranos, bajos, barítonos, quienes a veces también cantaban como solistas. Las canciones podían expresar agradecimiento, alegría, dolor, o suma felicidad. Pudo ver en persona como se elevaba una sola voz que comenzaba con suavidad, luego se iban añadiendo siete voces, para avanzar a nueve, y al final treinta y nueve gargantas formaban melodías y ritmos afroamericanos, causando grandes impresiones.

Las entonaciones de estos cánticos salían vibrantes del templo, atravesaban las ventanas, las paredes, hacían mover el alma y sus cuerpos en vaivenes.

Por primera vez Alberto pudo presenciar la música en vivo, y las emociones que podían causar. Tanta era su emoción y ese sentimiento divino que llegó a pensar que si Dios existía debía ser negro.

50

Siguió realizando distintas actividades para mantenerse momentáneamente, pero él deseaba vivir por y para la música.

V
Con Sueños y Actitud

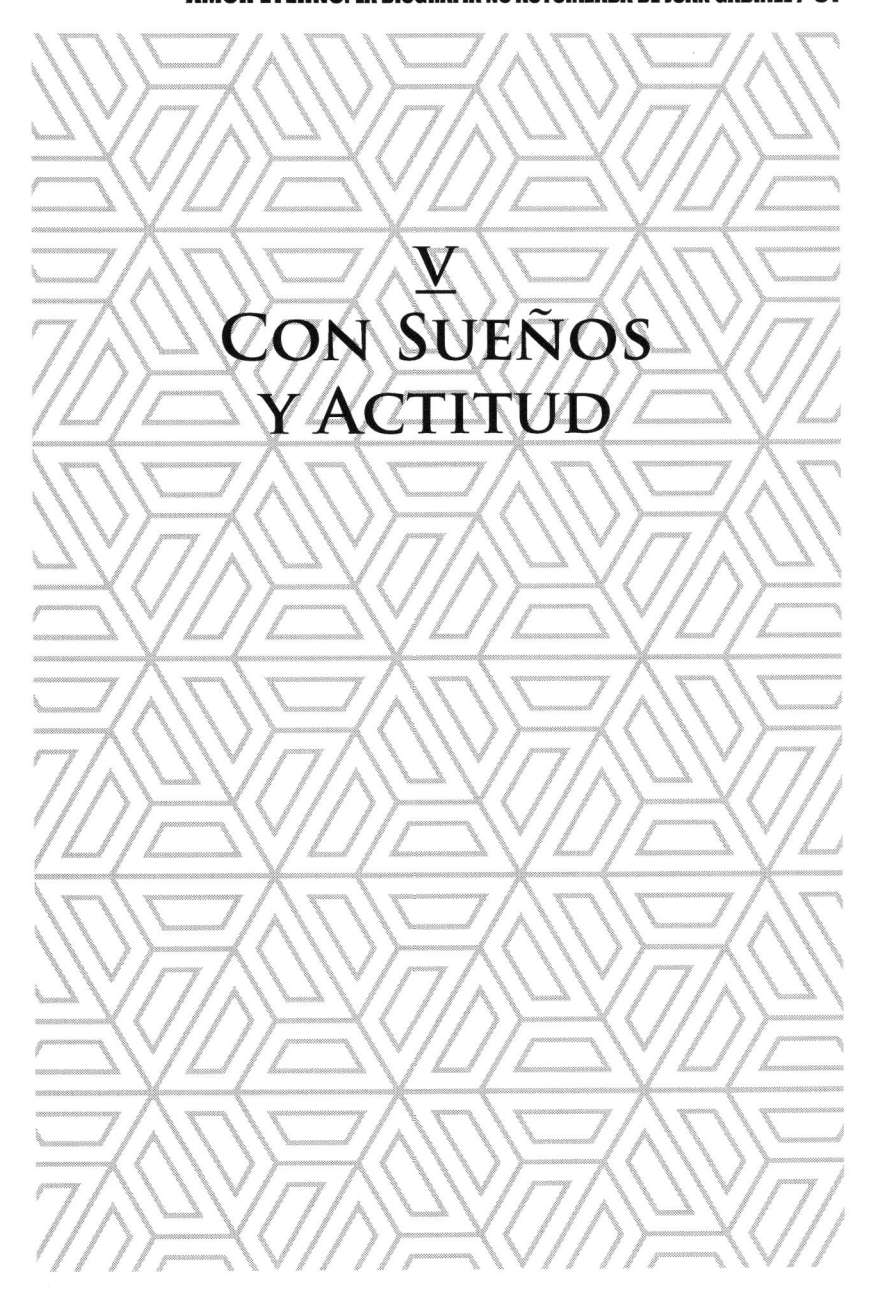

BUSCANDO OPORTUNIDADES

Después de un año, Alberto decidió regresar a Ciudad Juárez para tener más posibilidades de buscar un salto a la música, y pensó que ese salto podría hacerlo en la televisión local. Allí debutó por primera vez con el nombre de «Adán Luna», su primer nombre artístico concedido por Raúl Loya, en el programa El compadre más padre. Alberto cantó "María la bandida", el mariachi Gil Soledad le hizo el acompañamiento.

En aquellos años, en 1964, Alberto era menor de edad, por ello no podía tener oportunidad de cantar, pues lo sacaban de los bares. Sin embargo, en el cabaret Noa-Noa hizo sus presentaciones al público asistente junto al grupo «*Los prisioneros de ritmo*». En el Noa-Noa interpretó «*Adoro*», «*Yo te amo*», «*Cenizas*» y «*Yo sé que no es feliz*». Poco después logró cantar en La Cucaracha, El Cucamonga, El Palacio Chino, el

54

Hawaian y el Boom Boom.

Daniel Mijares, que trabajaba en El Paso, recordaba a Alberto como un chico menor de edad al que traía a escondidas su amigo que vivía en su casa. Cuando Daniel llegaba de trabajar Alberto ya estaba allí, hasta que un día le interrogó incómodo: «¿Quién es ese chavo?, ¿por qué siempre está acá?», su amigo contestó que no tenía casa, que su familia no lo aceptaba, y que entonces venía a pasar la noche y comer. Daniel no quería tener problemas, ya que era menor de edad, así que decidió que ya no ingrese, pues su familia tal vez lo estaba buscando.

Sin embargo, su amigo siguió trayendo a Alberto sin que se diera cuenta.

Daniel no pudo hacer nada, porque Alberto se ganaba el cariño de las personas, y así también pasó con él. Le solía seguir donde a los sitios donde iba Daniel a tomar unos tragos, o cuando estaba con sus amigos. Le buscaba y le mostraba sus composiciones musicales escritas en sus cuadernos baratos. Le cantaba sus invenciones a capella porque no tenía guitarra. Daniel le decía que eran muy buenas, pero no creía que en verdad le pertenecieran. Pero Alberto lo juraba y decía que tenía como un centenar de canciones.

Como el Noa-Noa era un sitio turístico, se tocaban temas musicales todos los días, siempre que era posible los trabajadores le permitían cantar a Alberto en el escenario. En otros bares no podía cantar porque era menor de edad. Fue así que conoció a David Bencomo, el gerente y dueño del Noa-Noa y el Hawaian. Alberto solía recaudar un par de dólares yendo a cantar serenata a las novias de sus amigos, por lo cual le daban cinco dólares. De esa manera vivía. Deseaba a toda costa vivir de cantar, pero no de esa manera, sino ser grande.

En tanto, su familia ya la había dejado de lado, pues no le aceptaban.

CAMINANDO Y ROGANDO

Su madre estaba en contra de sus deseos artísticos, para ella era andar de vago con un par de hombres que perdían el tiempo al igual que él. Alberto sentía que no le comprendían, que no lo querían. Deseaba estar junto a personas que compartieran el arte. Fue en esa época que empezó a realizar las composiciones que conformarían su primer Disco.

Aunque su familia no lo aceptaba, solía visitarlos apenas se levantaba. Ellos vivían arriba de Ciudad Juárez, en una colonia bastante apartada. Luego de visitarlos, solía andar por la avenida Juárez, y ya era conocido por los vendedores de flores, los vendedores de golosinas y gustitos al paso.

En la tarde iba a casa de Daniel Mijares, donde comía y se aseaba. A las ocho de la noche, cuando llegaba la noche, se dirigía al Noa-Noa, pero no cantaba sus propias composiciones, sino que interpretaba canciones de moda. Solo a veces cantaba sus creaciones.

En aquel tiempo, los artistas que se presentaba en el Noa-Noa no eran conocidos, porque los músicos más populares se presentaban en el Malibú, que era un bar de más elegante. En el Malibú Alberto podía presentarse pero como relleno, nunca decían quién era y le pagaban lo que sea, podía ser cinco o diez dólares, pero en el Noa-Noa, los chicos le permitían ingresar al escenario y cantar con ellos.

Por otro parte estaba el Boom-Boom, que tenía un estilo tropical, sus decoraciones parecían hawaianas. Solían acudir artistas variados como Tongolele. Cada semana se cambiaba de música. Era la competencia directa de Malibú, pero después de un tiempo fue perdiendo popularidad.

Para ingresar al Boom-Boom los visitantes hacían una cola larguísima, más de dos cuadras, y se hacían fiestones desde las ocho de la noche a la mañana del siguiente día. Era pura fiesta. Alberto no tardó en aparecer en la programación del Boom-Boom y en el Palacio chino. También iba a San Carlos, donde cantaba con mariachis frente a los turistas.

David Bencomo, dueño del Noa-Noa recordaba a Juan Gabriel desde que era casi un púber, caminando, intentando ingresar a un cabaret, quedándose en la puerta. Nadie lo hacía ingresar porque no tenía la mayoría de edad. Sin embargo, David Bencomo luchó para que lo dejaran ingresar a pesar de ser menor de edad, pese a que podían clausurar el local si encontraban a un menor de edad trabajando. Lo que hacía entonces, era hacer ingresar al Albert para que cante sus canciones y luego se marche rápidamente. Si debía volver, ingresaba nuevamente. Era un jovencito muy luchador. Se sentía contento cuando llegaba y les pedía a los músicos que le den acompañamiento de una canción, quienes lo hacían a buen gusto.

Es en la Ciudad Juárez, en esos bares y cabarets donde dio a conocer varios de sus temas. No tengo dinero, lo cantó por primera vez en su local El Hawaian. En el Noa-Noa solo cantaba un tema, se salía y volvía para cantar otro, sin que lo vea la policía. Si recibía dinero les daba una parte a los policías para que no le digan nada.

A FALTA DE DINERO...AMIGOS Y AMIGAS

Aunque su familia le faltase, al joven Alberto, tenía a los músicos y los amigos de ese tiempo que le brindaron una salida y un apoyo. Una de esas amigas entrañables que le ayudó mucho fue Mercedes Alvarado, a la que Alberto le decía La Meche. Años después, ella se encargó del guardarropa de Noa-Noa.

Junto a Meche, Alberto sufrió la pobreza y la dureza de esos años. Antes de dedicarse al canto, Alberto lavaba la indumentaria de las prostitutas, también trabajó como mesero. Hizo cosas imposibles para un joven, no solo se dedicó a caminar de un lado para otro con la guitarra en los brazos.

Meche lo conoció lavando la ropa de las prostitutas. Luego lo volvió a ver en la puerta del Noa-Noa. Al verla, el joven le preguntó si ella laboraba en ese cabaret, y ella le respondió afirmativamente. Le pidió que le haga entrar, a lo que Meche respondió con otra pregunta: «¿eres menor de edad?». Alberto le dijo que sí. Que solo deseaba cantar allí. Entonces la Meche, en su acento mexicano dijo: «Pues a ver, cómo le hago».

Logró hacerle ingresar. Mientras tomaba unos tequilas con los integrantes de grupo que tocaban en el Noa-Noa les preguntó si podían dejarle cantar al muchacho, pues le gustaba cantar. Ellos aceptaron. De ese modo Alberto solía venir a veces.

Al comienzo David Bencomo lo hacía retirarse porque no deseaba problemas con menores de edad. No quería que su establecimiento quede clausurado.

58

Alberto luego se fue a vivir con Meche al Hotel Ritz. Ella lo recordaba como un chico que buscaba locamente simpatía y cariño de amigos. Ella empezó a quererlo mucho. Siempre lo veía con un cuaderno escribiendo. Cuando lo miraba, él le decía que iba a ser cantante famoso. Ella le animaba, no deseaba negarle sus anhelos, pues ya lo había visto deprimirse mucho.

En ocasiones, cuando se enfermaba de la garganta, le pedía a Meche que por favor le cuidara, que no vaya a ninguna parte. Y ella así lo hacía porque lo veía como un joven tierno. Ambos desarrollaron una profunda amistad.

En ocasiones salía con su guitarra y cuando volvía le decía que ya podían ir a comer porque ya había conseguido dinero, o si no le estaba animando para ir a un lugar o a otro. Se compartían todo, incluso la pobreza y el hambre.

Cuando Meche se enfermaba él imitaba cantantes para luego reírse. Los dos encontraron cariño en el otro, porque habían tenido las mismas carencias familiares. Su amiga Mercedes recordaba que Alberto le parecía muy joven para sufrir tanto, ya que recordaba la soledad y la negación de su familia, sin embargo lo canalizaba en sus composiciones musicales, en el arte, no de un modo negativo, y eso a ella le parecía increíble.

Eran épocas de tentar una carrera musical, sin estudiar, siguiendo por las calles a sus amigos, todos cantantes de relleno en cabarets nocturnos que iban a amenizar.

Otra de sus amigas era la señora Esperanza Mc Culley, a quien el joven Alberto la quería como a una segunda madre.

Se habían conocido cuando él cantaba de relleno en Malibú, mientras que Esperanza trabajaba en El Paso, situado en Texas.

Esperanza Mc Culley había salido a visitar con unos amigos a Ciudad Juárez. Cuando lo vio por primera vez cantando con tanta pasión, como un artista, se conmocionó, además se encontraba muy sensible porque su esposo había fallecido en fechas cercanas. Viendo a Alberto, un mancebo solo, ganándose la vida, sin ningún familiar en esa ciudad, sintió que debía estar a su lado para cuidarlo.

Cuando acabó su presentación se acercó a saludarlo al camerino. Sin el traje del escenario ni las luces, el joven Alberto se veía sencillo, pero sobre todo desvalido. Conversaron mucho tiempo. Alberto se abrió a ella y le contó su historia, sus planes y sus sueños de vivir de la música. También supo que nadie le esperaba en casa, que a veces se iba a casa de Meche o a casa de Daniel Mijares, por eso le ofreció su hogar para que se sienta como en familia. Sus hijos estaban pequeños y no sería complicado que los visite. Poco después se volvió en un hijo más.

UN JOVEN Y SUS CANCIONES

Al cumplir dieciséis años tuvo la idea de viajar a México D.F para conseguir una oportunidad más grande. Iba y venía para buscar conexiones y relaciones. Su idea era encontrar a alguien que lo escuche y se dé cuenta de su talento para permitirle grabar sus canciones.

Hizo tres viajes para la ciudad de México y para la ciudad de Juárez, pero no logró ninguna oportunidad. Incluso pasó por una experiencia que le marcaría para siempre: en 1971 le encerraron en la cárcel por una equivocación.

Esperanza Mc Culley conoció a la madre de Alberto, fue a visitarla junto a sus hijos y Alberto. Le preguntó si podía adoptarlo y su madre contestó afirmativamente, le agradaba que Alberto viva con ellos y, además, se comprometió a darle los papeles que le hagan falta. Sin embargo, eso hizo que Alberto se sienta muy desgraciado, sentía que su mamá no lo quería y que siempre había estado buscando deshacerse de él. Esperanza comprendía a su madre y a Alberto. Entendía que su madre lo hacía para que su hijo tenga a dónde ir y de alguna manera esté protegido.

Alberto estaba muy enojado. Cuando se despidieron ya no quiso volver a la casa de Esperanza porque sintió que había causado una distancia más grande con su madre. Pensaba que, dado el caso, ya no habría relación alguna con quien era su madre biológica.

Los recuerdos que tiene Jesús Salas, su cuñado, de Albero es que lo conoció a finales del año 1966. Jesús tenía catorce años, frecuentaba la Zona Rosa y se había escapado de su casa, así como Alberto se había escapado del internado. Alberto fue el primero que se acercó, conversaron y desde ese día nació una gran amistad. Aunque el joven Alberto era muy pobre, siempre procuraba vestir bien: con zapatos, traje, camisas, mancuernillas y una boina de estilo español. Era bastante despierto. Cuando no tenían qué comer, Jesús buscaba a su nuevo amigo y él le procuraba alimentos, además conseguía lugares para dormir. Nunca fumaba ni tomaba alcohol. Un buen día los padres de Jesús lo hallaron y lo encaminaron a los estudios. No se vieron por muchos años. Jesús nunca pensó volver a encontrar a Alberto, y mucho menos imaginó que sería un cantante y compositor famoso.

Ni un hospital al que acudir
El joven Alberto, humano al fin, no solo vivió en la calle con lo que pudo. También se asió a la vida con lo que pudo. En sus días de hambre y enfermedad personas desconocidas se apiadaron de él y con suma ética hospitalaria, le dieron su casa y le curaron. Esto habla mucho de la hospitalidad mexicana de aquel tiempo.

Vayamos hasta esos años y observemos en la Zona Rosa, a un jovencito con una camisa que apenas lo protege del frío de la madrugada. El joven hierve en fiebre y a la vez siente escalofríos. Un amigo le lleva al cabaret Chips. Allí hay una señora extraña, una norteamericana que canta. Le pregunta sobre su estado y luego toca su frente. Enseguida, con un susto en el rostro, le prepara algo de tomar y le lleva a su casa para atenderlo. Alberto cree que morirá de fiebre, pero todavía no es la hora, hay mucho por hacer en el arte musical.

QUIERO GRABAR UNA CANCIÓN, POR FAVOR

Alberto contó con el apoyo de sus amigos que conocía en la calle o en los escenarios para poder viajar a México en busca de oportunidades. Esperanza Mc Culley le ayudó la primera vez. Le compró un traje, equipaje y pasaje y oró a Dios para que le ayudara en el viaje.

62

Cuando llegó a la ciudad de México, Alberto fue a las casas grabadoras de discos, pero no tuvo éxito. Cuando se le acabó el dinero logró vender la ropa y la maleta para mantenerse unos días más, pero solo le quedó volver a Juárez, donde para su suerte debutó en el Malibú de Roberto Sapién, con un jornal de veinte dólares para cada día. Después de hacer su show en Malibú, hacía otra presentación en el Boom-Boom, a las dos de la madrugada. Se consiguió un apartamento amueblado que se ubicaba atrás del Hotel Ritz para ubicarse más cerca.

Una vez, un promotor de la CBS lo vio actuar, le habló y le persuadió de que siguiera perseverando. Le aconsejó que no amueble el departamento porque podría quedarse estancado, también le dijo que no se quede hasta ese nivel: cantante de centros nocturnos. Le aconsejó que siga intentando porque todavía era bastante joven. Las palabras del representante de la CBS lo estimularon y lo persuadieron de retornar al D.F. De esa manera, con unos pocos dólares que juntó gracias a Daniel, Meche y Esperanza Mc Culley, viajó nuevamente a la capital. No obstante, su intento en la CBS significó para él un nuevo fracaso: le dijeron que ya habían varios baladistas y que la recomendación no le serviría de nada. Tampoco le sirvió el entusiasmo que llevaba en el rostro. Lleno de decepción, se fue otra vez a vagar en la vida nocturna de la ciudad y a hacer amigos.

Un día, caminando por la avenida Juárez, se encontró de casualidad con Daniel Díaz Villalobos, a quien había conocido en la ciudad Juárez porque visitaba a su tía cuando él cantaba con doce años. Se reconocieron y Alberto le contó de sus sueños y planes para ser un cantante reconocido, además de los días difíciles que estaba atravesando, pues había veces que no tenía qué comer. Daniel le invitó a cenar y le dijo que podría ayudarlo si iba a Tijuana, pues allí podría conseguirle un empleo; también le dio un pasaje para que pueda viajar. Alberto aceptó y Daniel no tardó en ponerle en contacto con el director del grupo musical Nota 5. Le hicieron un contrato para cantar como solista por 50 dólares los sábados y domingos.

Eso significó una nueva etapa para la vida de Alberto. Sus ansias de aprender, le venía de la sangre, le llevaba a buscar información y absorberla. Aprendió de los músicos más relevantes, supo lo que significaba innovar musicalmente, y todo eso en un breve periodo de tiempo.

Daniel Díaz decidió convertirse en el tutor de Alberto. Le daba lecturas para que aprenda a desenvolverse en público mediante conversaciones y hablaba de la música.

Pasaron tres meses, cuando Alberto recibió una llamada. La salud de su madre no era alentadora. Debía volver rápidamente a Juárez. En ese tiempo no vio a Daniel Díaz, de quien estaba aprendiendo mucho.

Algunos años más tarde, en 1971, Daniel observó una fotografía de Alberto donde aparecía en un diario, y supo que su carrera de artista ya había despegado. Ahora se hacía conocer como Juan Gabriel. Fue a visitarlo para felicitarlo, y la amistad entre los dos siempre se mantuvo intacta. Muchos años más tarde cuando ya era un divo, Daniel le acompañaba en sus giras o conciertos más grandes.

VI
El Inicio Como Artista

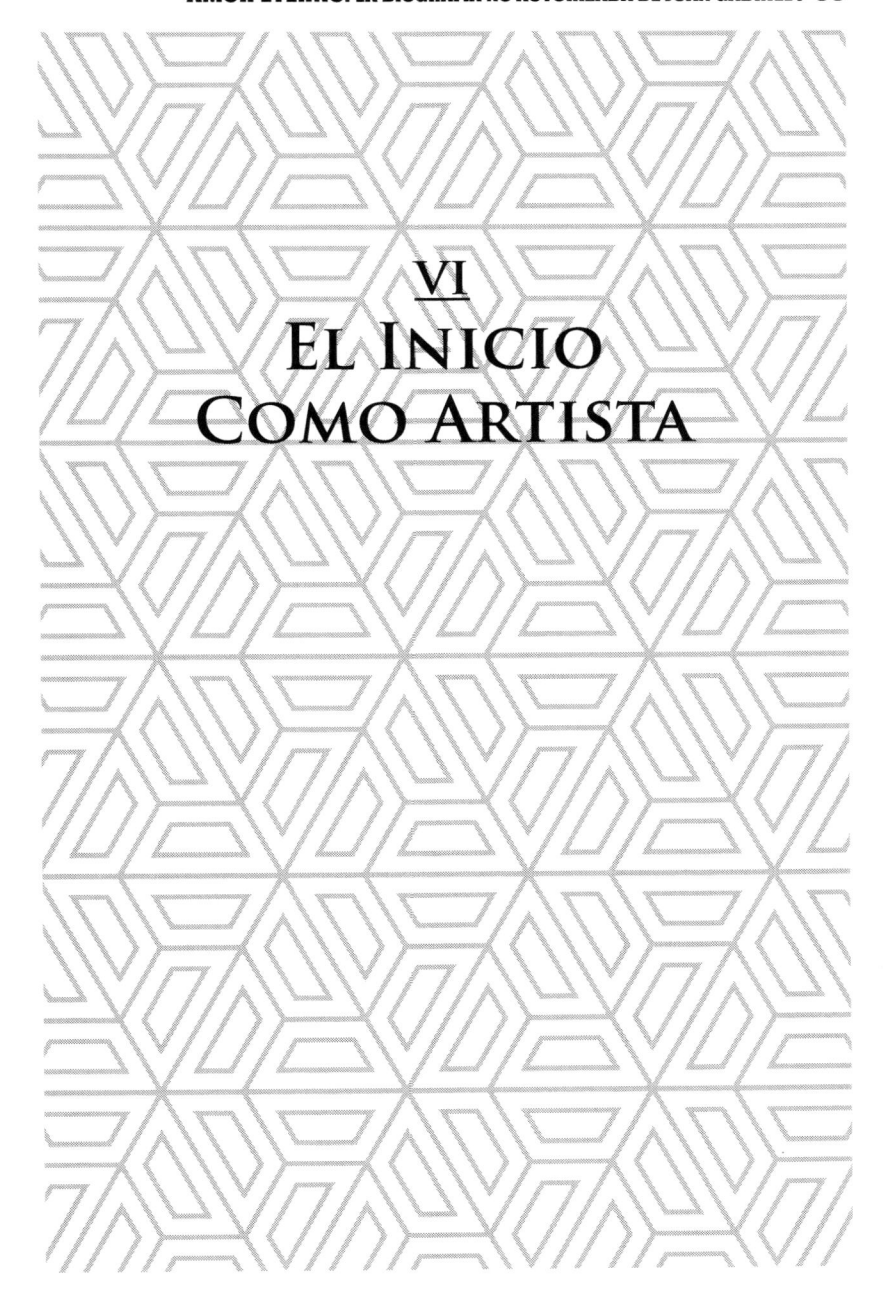

UNA OPORTUNIDAD
EN LOS COROS

La Dirección artística de la RCA en 1977 se encontraba bajo la dirección del maestro Rubén Fuentes. Raúl del Valle administraba ese departamento, y Enrique Okamura se encargaba del elenco de la nueva ola. Magallanes, asistía a Rubén en la dirección de diferentes artistas. Contaba con su propio elenco y se encargaba del arreglo de planta, así como de la dirección de la orquesta en el RCA.

Un día se encontraba en la disquera haciendo notas del piano para grabar un disco que dirigía Enrique Okamura, de pronto éste llego y le solicitó una pausa para hacer una prueba a un joven que estaba a su lado. Era moreno, delgado y muy sencillo. Era Alberto Aguilera, quien luego sería el divo Juan Gabriel.

Le preguntaron con qué canción deseaba hacer la prueba, a lo que el joven respondió que mejor le digan el nombre de algunas piezas. Al final cantó Escándalo de Rubén Fuentes y Marco Antonio.

Antes de realizar aquella prueba, Enrique le dio indicaciones sobre cómo debía situarse frente al micrófono.

Grabaron mientras Enrique Okamura dirigía desde la cabina. Cuando acabaron, Okamura avanzó hasta el piano, donde se encontraba Magallanes y comentaron la prueba. Decidieron que tenía cierto talento para el canto, que ponía mucha actitud y lo hacía con sentimiento, sin embargo no les agradaba el ceceo que resaltaba en su pronunciación, así que le indicaron que tome clases de canto y dicción para no tener este problema. Alberto Aguilera, se quedó observando preocupado, pues se preguntaba cómo haría, si hasta en ocasiones la comida le faltaba.

Magallanes y Okamura tuvieron la idea de colocarlo en los coros para que tuviera sus cheques, mientras tomaban la decisión de contratarlo o no, pues a su juicio, aún le faltaba madurar como cantante.

Entonces Alberto Aguilera empezó a realizar los coros de varias grabaciones. La primera fue Cuando me enamoro, de Angélica María. Los productores ignoraban que aquel joven ya realizaba composiciones musicales, pensaban que solo deseaba ser cantante.

Cuando le preguntaron, tiempo después, por qué no realizó la prueba con algunas de sus composiciones, Alberto Aguilera contestó que eso hubiera significado pasar doble prueba: composición y canto, lo cual hubiera sido un peligro, pues podía perder la oportunidad que ese día se le presentó. Además, pensaba que sus composiciones eran muy sencillas y desconocidas.

Un día, cuando Magallanes iba en su auto, camino a la RCA, vio al joven caminando en sentido contrario, cabizbajo y con las manos en los bolsillos de su pantalón café. Magallanes lo miró con cierta lástima, pero no se detuvo. Eran días en los que Alberto iba de un lugar a otro, en busca de oportunidades para que escuchen sus composiciones.

LA CÁRCEL

Un día de 1969, volvió a México para seguir cantando en los coros, mientras se mantenía con su sueldo de mesero en un bar, pero ocurrió una desgracia: lo encerraron en la cárcel.

Alberto había ido a buscar trabajo en un night club llamado Círculo 33, en la Avenida Juárez, del D.F, allí habló con un amigo que tocaba en un grupo, para ese local. Se acercó una mujer y les invitó a su fiesta, además insistió a Alberto para que cante. El joven preguntó si le pagarían, pero ella respondió que no, pero le animó a ir, puesto que sería una oportunidad para él. Así que fueron. Apenas llegaron y Alberto cantó unos temas. Cuando acabó, le pidió a la dueña de la casa quedarse a dormir en la recámara. Cuando despertó se halló ante un policía, quien le lanzó patadas para que confiese dónde estaban sus amigos, pues había ocurrido un robo en aquella casa. Se cree que se le acusaba de robar una radio.

Levantaron un acta contra él y fue destinado al encierro. Con el tiempo, Juan Gabriel contó que el hombre de la policía era amante de la dueña de la casa (según el divo, lo supo tiempo después) y que, para crear atención en otro punto de interés, la mujer inventó la historia del robo.

Alberto no sabía a quién recurrir. Con la llamada que se le permitía, llamó a Esperanza Mc Culley, quien se encontraba trabajando en El Paso, así que ella avisó a Daniel Mijares lo sucedido. Esperanza envió a Daniel Mijares con cinco mil pesos para pagar la fianza, de lo contrario sería enviado a Lecumberri, en 72 horas.

Sin embargo, Daniel llegó tarde. Alberto ya se encontraba en Lecumberri. Daniel se sintió muy frustrado por no haber llegado a tiempo. Quiso hacer algo, pero dadas las condiciones, la fianza ya no era de cinco mil pesos, sino de diez mil pesos. La historia que se contaba de la razón de su encierro le resultaba incoherente, sin sentido; sin embargo no había abogado que lo defienda.

Daniel Mijares solía visitarlo a Lecumberri. Un día encontró a Alberto con una gran sonrisa en su rostro, éste le contó que un señor le había dado un buen dinero por una canción que vendió. Le enseñó el dinero y se lo dio, para que tenga con qué pasar esos días y para que junte una parte para completar lo que pedían de la fianza. Daniel le advirtió que era muy poco dinero para una composición musical, pero Alberto contestó que necesitaban el dinero.

Había un hombre llamado Herberto Núñez, que era contador, y que también estaba detenido junto a Alberto. Se hicieron amigos, tanto que, cuando se disponían a pasar a Alberto a una sección más peligrosa, donde se encontraban las pandillas y la mafia, el contador junto a su esposa lo evitaron pagando una suma de dinero para que no lo trasladaran.

UNA OPORTUNIDAD EN EL LUGAR MENOS PENSADO

Los días en la cárcel era un suplicio para Alberto. Todo estaba enrejado, las ventanas eran muy pequeñas, apenas medían ochenta por treinta centímetros, y se pasaban bolsitas de plástico amarradas con un hilo. Se sentía débil en ese mundo carcelario, pero sobre todo deprimido porque parecía que se quedaría mucho tiempo encerrado, sin hacer algo por cumplir sus sueños. No obstante, Alberto supo cambiar esa experiencia en una oportunidad.

Todos los domingos se daban shows en la cárcel, los artistas asistían gratuitamente para dar un poco de tranquilidad a los presos, allí asistía La Prieta Linda, quien más tarde resultaría la puerta al mundo artístico.

Prieta Linda, decidió ayudarlo a salir de la cárcel, y esto no le resultó muy complicado porque era amiga del general Puentes Vargas y su esposa, quienes utilizaron sus influencias para que el juez revise nuevamente el caso de Alberto.

Alberto, después de un año y tres meses, fue liberado.

Al salir de la cárcel, se alojó en la casa de Mijares. Una vez recuperado, fue a visitar a su familia, quienes no se enteraron de su estadía en la cárcel, ya que durante su permanencia, enviaba cartas a su madre, haciéndolas llegar por medio de Mijares.

En las cartas dirigidas a su madre contaba que había logrado tener mucho éxito como cantante y que había conocido a sus estrellas favoritas como Lucha Villa, La Prieta Linda, Lola Beltrán, Amalia Mendoza, José Alfredo Jiménez y La Tariácuri. Tal vez, si su familia se hubiese enterado de su paso por la cárcel, hubiesen pensado que se lo merecía por la vida extraña, ligada a las calles y las noches, que llevaba; pero no quería que se enteren, sobre todo, porque no tenía un oficio formal. Alberto quiso ahorrarse los regaños y las desaprobaciones de su afán artístico.

Después de estar dos meses en Juárez, volvió al distrito Federal a reunirse con la Prieta Linda, ya que ella estaba dispuesta a ayudarle a conseguir su sueño: grabar sus propias canciones en la RCA.

UN HADA MADRINA: QUETA JIMÉNEZ, LA PRIETA LINDA

Una de las mejores intérpretes de la canción mexicana fue Enriqueta Jiménez conocida en el mundo artístico como La Prieta Linda. Sin su ayuda, Alberto hubiera tenido más caminos pedregosos que avanzar, y el mundo latinoamericano hubiera tardado más años en conocerlo. Por ello, se puede decir que La Prieta Linda fue su hada madrina, gracias a ella pudo salir de la cárcel. Además contó con su participación en la grabación de la canción «*Noche a Noche*» en la RCA, durante su permanencia en la cárcel.

La Prieta Linda narró alguna vez:
«El director de penal, el general Andrés Puentes Vargas me presentó a Alberto, ya que él le había pedido reunirse conmigo. Entonces fuimos a su celda, caminamos por los pasillos oscuros y aterradores de la cárcel. Me causó tanta pena ver a toda esa gente, con la vida destrozada, la mirada

perdida. Y cuando vi por primera vez a Alberto quedé impresionada al ver a un muchachito de diecinueve años. Empezamos a conversar, el general se retiró a seguir haciendo sus actividades y solo me quedé con mi ayudante y Alberto.

El me miró con amor a los ojos y me dijo que me admiraba, que había escuchado todas mis canciones, que le gustaba mi forma de ser. Me pidió que tenga la amabilidad de escuchar sus canciones, lo cual hice y nos quedamos ahí por largo rato hasta que el cielo se oscureció. Me contó un poco de él y como había llegado a ese lugar tan horrible. Estaba ahí injustamente ya que él no había cometido ningún delito, se trataba de una calumnia de gente mala.

Al día siguiente tomé la decisión de ayudar a ese pobre muchacho, por ello hablé con la esposa del General, le conté toda la historia y le dije que no podíamos permitir que siga en la cárcel, le supliqué que vea el caso y hablé con su esposo. Entonces ella me prometió que se ocuparía del caso. Ella era una persona recta y con palabra, a los pocos días lo visitó y tomó la defensa del caso como si fuese su familiar.

A Alberto le tomé mucho cariño y seguí visitándolo, un día grabamos sus canciones en casetes. Me gustó mucho la canción «Noche a Noche» la cual llegue a grabar en RCA. Le preguntamos qué nombre artístico quería ponerse, el eligió Adán Luna, al final decidimos por Alberto Aguilera.

Al poco tiempo, la esposa del General me dio la sorpresa que Alberto saldría libre, pero que necesitaría que un familiar se encargue de él. En ese entonces yo vivía en una casa pequeña con mis tres hijas. Entonces ella se ofreció a cuidar de Alberto hasta que se recuperase. Antes de irse a vivir a la familia de los Puentes Vargas, fue a despedirse de mí y me dijo con lágrimas en los ojos que era el ser más feliz del universo».

SU PRIMERA GRABACIÓN

Alberto Aguilera viajó a la Ciudad Juárez, y luego regresó a la casa del general. La Prieta también habló con su gran amigo, Raúl del Valle, quien era gerente del departamento artístico de la RCA, para dar un empujón a ese joven lleno de talento, que más tarde sería el divo Juan Gabriel.

Raúl del Valle lo apoyó mucho en los inicios de su carrera artística, tenía presentaciones en diferentes lugares y además había grabado sus discos. Cuando La Prieta asumió la gerencia creativa de la RCA, habló con otro amigo, Enrique Okamura, quien era el director artístico de la nueva ola. Le recordó a Alberto, ya que él ya había hecho una prueba hacía tiempo. Le contó que había estado en la cárcel y que había compuesto buenas canciones, que a su parecer tenían mucho futuro en la radio.

La Prieta narró:
«Cuando fuimos a ver a Alberto, él estaba nervioso pero con muchas expectativas. En esa reunión nació nuestra amistad, entre Alberto, Okamura y yo. Programamos la primera grabación para el 4 de agosto de 1971. Su director artístico fue Enrique Okamura, Chucho Ferrer fue su arreglista y director de orquesta, sus coros lo hicieron Los Hermanos Zavala. Para su primera sesión de grabación se programaron cuatro canciones, las cuales fueron: No tengo dinero, En el mundo ya no hay paz, Tres claveles y un rosal y Como amigos, donde

se escogieron dos para completar el primer disco sencillo de 45 RPM, para venta, y de ahí se elegiría el número para promocionarse en radio y televisión. En la compañía nos decidimos por No tengo dinero, que desde que salió fue muy bien recibida por los medios, y se convirtió en un éxito. Para el estreno, Alberto se bautizó como Juan Gabriel».

Alberto le contó a Okamura que tenía muchas canciones, alrededor de cien y todas muy buenas. Okamura las revisó y le parecieron extraordinarias, esas composiciones le dieron una muy buena impresión del joven. Por su parte, Alberto era un muchacho decidido, con objetivos claros, atrevidos, él quería grabar sus canciones y que otros cantantes las graben también.

Okamura contó en una ocasión: «Al despedirnos de él, le dijimos que viniera cuando nosotros lo llamáramos, en tanto estudiaría la grabación. Sin embargo al día siguiente estaba ahí, y también los siguientes días. Mientras esperaba reunirse conmigo, conversaba con los técnicos, asistentes, choferes, oficinistas, músicos y cantantes. No estaba tranquilo, quería saber que había pasado con sus grabaciones. Tome la decisión de hacer caso a su pedido. Los artistas más sonados iban a cantar sus canciones, pero ¿qué sucedía con él?, tenía que arriesgarse a probar con el canto e interpretar sus propias canciones».

TRABAJANDO COMO ARTISTA

Las compañías grabadoras de discos generalmente tienen una editorial de música. Si la obra de un autor llega e interesa, la editora lo contrata. En el caso de que sea cantautor, el contrato es doble, la grabadora lo contrata como intérprete, y la editora hace el convenio como autor. Por ello, Juan Gabriel firmó en 1971 con la RCA como cantante, la RCA fungía como editora, denominada EDIM, editora de música, como autor.

Alfredo Gil Jr, responsable de esa empresa narró: «Alberto era un muchacho maduro, empático, sorprendente, tenía talento en el canto, entregaba sus canciones con humildad. Pasaba horas y horas dentro del estudio, tenía muchas ganas de aprender y de ayudar. Una vez entré a la oficina de Raúl del Valle y estaba el rey de la canción, José Alfredo Jiménez, los dos escuchaban las canciones que Alberto interpretaba acompañado de su guitarra. Al terminar, José Alfredo dijo a Del Valle: "Este muchacho va a llegar muy lejos, así que trátenlo muy bien"».

«José Alfredo en algún momento indicó que le hubiese gustado haber compuesto la canción Se me olvidó otra vez». Entonces grabaron durante semanas y meses. Fue un trabajo sin respiro, grabó y grabó, sus canciones las grabaron Yolanda del Río, César Costa, Estrellita, Mónica y muchos artistas más. Alberto llegó a cotizarse alto, y comenzaron los éxitos de sus canciones.

SE ME OLVIDÓ OTRA VEZ
(Juan Gabriel)

Probablemente ya
de mí
te has olvidado.
Y mientras tanto yo,
te seguiré esperando.
No me he querido ir
para ver si algún día

que tú quieras volver
me encuentres todavía.

Por eso aún estoy
en el lugar de siempre,
en la misma cuidad,
y con la misma gente,
para que tú al volver
no encuentres nada extraño
y sea como ayer
y nunca más dejarnos.

Probablemente estoy
pidiendo demasiado.
Se me olvidaba que
ya habíamos terminado,
que nunca volverás,
que nunca me quisiste.
Se me olvidó otra vez
que solo yo te quise.

«Alberto siempre tuvo contacto con el pueblo, y sus canciones dan cuenta de ello, ya que tienen mensajes populares. Cuando empezó a ser famoso, tuvo que disfrazarse para poder escuchar las historias en el metro, el bus, o asistir a lugares públicos. Seguro lo hizo muchas veces. Me gustaba trabajar directamente con él. Me preocupaba que el éxito acelerado lo pueda marear, confundir, y hacer que se pierda en los halagos. Siempre pensaba cuánto tiempo iba a permanecer con ese éxito».

Con el paso del tiempo, Alberto ya poseía la popularidad de Manzanero o José Alfredo. Ya formaba parte de la historia musical del mundo. Era joven y su talento era deslumbrante, aun así le faltaba mucho por recorrer.

Antes de que Alberto grabara su primer disco, La Prieta Linda le grabó «*Noche a Noche*», Estela Núñez «*Extraño tus ojos*» y Roberto Jordán «*No se ha dado cuenta*».

Alberto componía diariamente, sin descanso, tenía muchas historias que contar con sus canciones. «*No tengo dinero*» comenzó a ingresar al mercado, a sonar en la radio con asiduidad y luego con mucha frecuencia. Pronto lanzaron su segundo éxito «*Me he quedado solo*».

VII
Llega el éxito

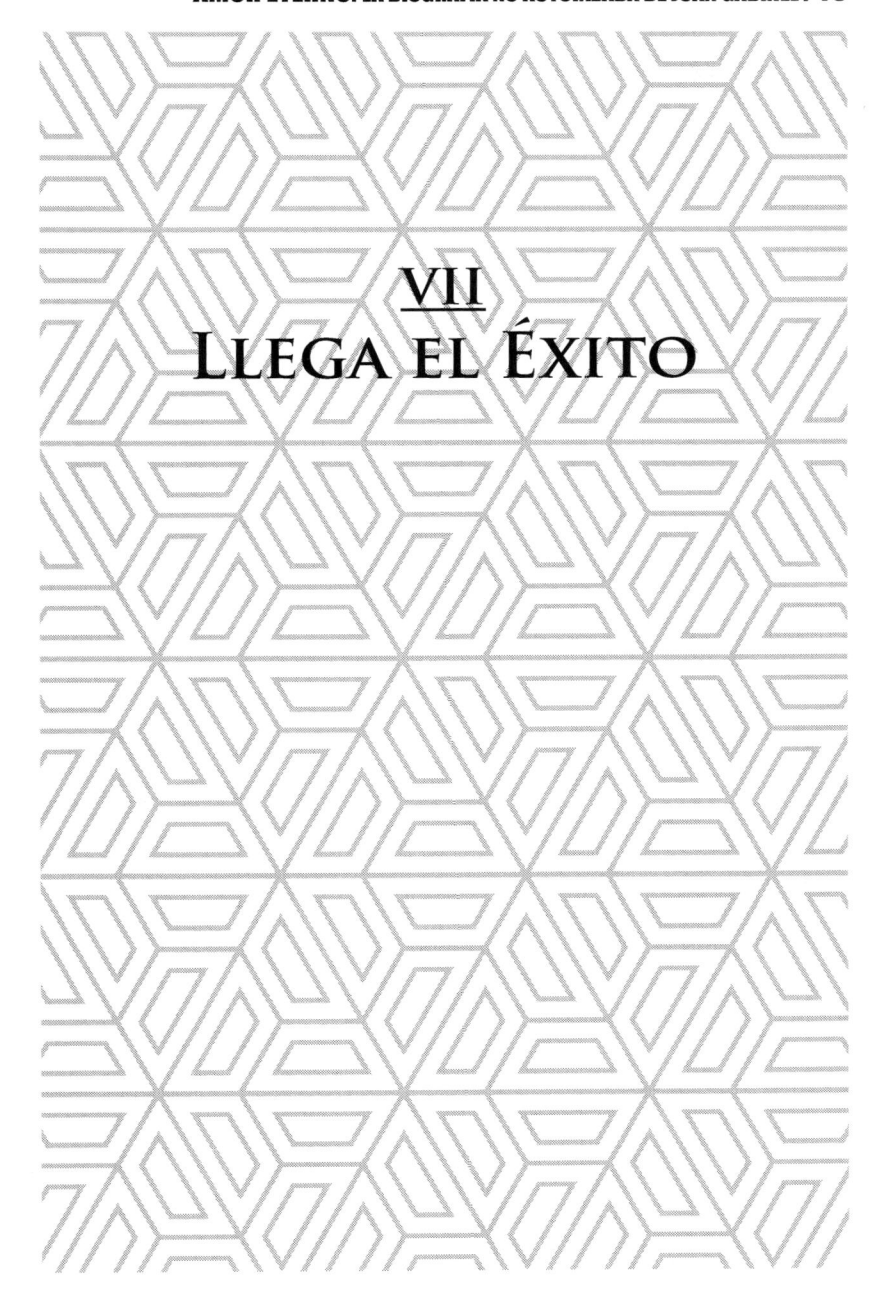

DE GIRA, POR PRIMERA VEZ

En noviembre, le invitaron a un programa de televisión en Venezuela, el programa se llamaba Él y Ella, conducido por Mirla Castellanos y Miguel Ángel, en Radio Caracas Televisión. Hubo un problema para conseguir los documentos de identificación, el problema era que Alberto, no tenía acta de nacimiento ni pasaporte, sin embargo con la ayuda de María de Jesús Rodríguez, representante de artistas y conocida en el medio como "Chucha La Gorda", lograron tramitar todos los documentos que necesitaban para que pueda volar, Así Alberto pudo tener su primera presentación en la televisión como Juan Gabriel.

Alberto tuvo que superar muchos retos, ya que venía desde abajo. Hizo muchas giras para consolidarse como estrella, primero por México y luego por los Estados Unidos. Las primeras giras trajeron alegrías y penas, ya que le inventaron escándalos en los diarios de espectáculos.

Daniel Mijares relató: «En nuestra época de recorrer la vida de noche de Juárez, el señor Vallejo traía caravanas de artistas por toda la República. No recuerdo el nombre del señor, pero sus caravanas eran famosas. Alberto y yo íbamos a verlos a un cine que se llamaba Edén. Venían hasta tres veces al año. El señor Vallejo traía puras estrellas verdaderas, fulgurantes, fabulosas: Javier Solís, Lucha Villa, Tangolele, Celia Cruz, Cornelio Reyna, Chelo Silva, Las Hermanas Huerta, Lola Beltrán, en fin, el Olimpo de dioses de la canción, al que él quería llegar. Alberto siempre decía: Mira, un día me vas a ver ahí y vas a venir a aplaudirme. A lo mejor me toca ya cuando camine ayudado por un bastón, decía yo».

Alberto comenzó a salir de gira con el señor Vallejo quien era muy querido y el mejor organizador de giras artísticas que se ha dado en México. Llevaba a los artistas por todo México e incluso, a los Estados Unidos. El medio artístico lo recuerda con cariño; a su muerte, la viuda, Martha Vallejo continuó la tarea.

Alberto era la estrella del momento, así que lo llevó de gira junto con Cornelio Reyna, Las Hermanas Huerta y Chelo Silva. Para convencer a Daniel Mijares de acompañarlo le dijo: «Mira, Daniel, vamos para tratar más cerca a la señora. Tú eres su administrador, debes saber lo que es una caravana».

Viajaron en microbuses para la gira del Pacífico. Dormían en hoteles muy baratos, llenos de cucarachas y roedores, Alberto le dijo que esto iba a cambiar, que la situación económica mejoraría.

Trabajaron muy duro en esas giras, de pueblo en pueblo, de ciudad en ciudad. A veces se tenía que trabajar a la intemperie, en plazas, y echar a correr cuando los admiradores y admiradoras se aglomeraban para saludarlo. Así vivió, aprendió, ensayó, maduró y creció por dentro. Cuando inició las giras por los Estados Unidos, con mejores pagas, más comodidades, con mucha más práctica, conocimientos, entrenamiento, más nombre y fama, empezaron a tratarlo mejor. Las giras que hicieron en México fueron tormentosas, el público era a veces irrespetuoso, le gritaban groserías. Él no hacía caso y seguía con su show.

Sin embargo, incluso con el éxito, el público parecía no conectarse con Juan Gabriel, su estilo era nuevo, solo lo escuchaban, nada más, no lo habían visto en persona. Cuando grabó su tercer LP llegaron exitosas giras, cantaba en lugares elegantes y con un público diferente, o tal vez era el mismo público, pero ya valoraban más su arte, su estilo.

EL ÉXITO: EL SEGUNDO ÁLBUM

La canciones de Alberto ocuparon los mejores lugares de popularidad en América Latina, en el año 1971, por ello la disquera fue reconocida en ventas como el Disco de oro, entonces tomaron la decisión de grabar el segundo álbum.

Alberto empezó a tener presentaciones en los centros nocturnos del Distrito Federal. Se presentó en el Versalles, del desaparecido Hotel Del Prado, con las orquestas del Cuco Valtierra hijo; también en Terraza Casino, ahora inexistente, donde compartía escena con Estela Núñez. El maestro de ceremonias en esa temporada era Mauricio Garcés.

En 1972 pasó algo importante en la carrera de Alberto, participó en el primer festival OTI. Expertos como Guillermo

Acosta pronosticaron que las únicas canciones que se venderían bien y trascenderían eran las de Juan Gabriel. Tuvieron razón, las canciones Uno dos, tres y me das un beso y Será mañana fueron las únicas canciones del festival que tuvieron éxito.

Su carrera avanzó rápidamente. Al comenzar las giras en los Estados Unidos, su popularidad se extendió. Había grabado su tercer LP. Sus temporadas en el teatro Million Dollar de Los Ángeles se alargaban por varias semanas. No fue fácil imponer su estilo y personalidad ante públicos diversos y difíciles, después de dos o tres años el público se rindió a sus pies.

En 1971, después de grabar su primer disco, rentó un departamento en el edificio Michoacán de la Unidad Tlatelolco. Éste fue el primer lugar propio en el que pudo vivir tranquilo por primera vez, luego lo compró para su mamá, pero ella se negaba a vivir en México, no le gustaba. Nunca se acostumbró, ya que padecía de la presión arterial y la altura de la ciudad de México no le hacía bien. Las cortas temporadas que pasaba en México se hospedaba en el departamento.

Cuando Alberto empezó a triunfar, compró una casa en Tecamachalco. Estaba deshabitada, sin muebles, dormía en la alfombra. Ya era estrella para entonces, pero vivía como en Juárez. Iba al supermercado, lavaba su ropa y hacía sus tareas cotidianas. Al regresar de una de sus giras amuebló su casa e inicio las reparaciones y modificaciones necesarias, además mandó a construir su alberca, pues tenía que recibir a la gente con ciertas comodidades. Seguía escribiendo canciones mientras su carrera seguía ascendiendo, ahora sentía que había llegado el momento de su gloria. El hambre y las privaciones ya eran parte de una historia muy lejana.

FANS

Alberto Aguilera, se había logrado consolidar como cantautor. Su figura y sus composiciones no pasaban desapercibidas. «Juan Gabriel» ya era un nombre conocido. Esto sin duda, era la representación del éxito, pero también significaba nuevas experiencias, sobre todo con el tema de los fans.

Una vez, camino al palenque, bajaron del auto a cierta distancia, para llegar a pie. Una multitud expectante y alborotada esperaba a Juan Gabriel, y los hombres encargados de su seguridad se preocupaban por la protección, sin embargo, él decidió caminar despacio hacia sus fans. Los guardias le seguían con prudente distancia. Cuando se acercó, los gritos de la multitud se volvieron ensordecedores, parecía que todo se saldría de control, y que ocurriría algún accidente. Juan Gabriel se acercó al público y los saludó como si fuesen amigos de toda la vida. La gente se abalanzaba a su personal de seguridad para poder tocarlo, y sus ojos brillaban con alguna lágrima de emoción. A la entrada del palenque, él se volvió hacia la gente y saludó como cuando bajaron del auto. Pero eso no fue todo, esa multitud se había quedado afuera del palenque, sin boletos. Al enterarse, Juan Gabriel ordenó que se abrieran las puertas para que la gente al menos lo escuchara mejor.

Una de otras tantas anécdotas que tuvo Juan Gabriel fue cuando se presentaba ante una considerable audiencia en el Million Dollar, encabezando un programa, un grupo de fans se subió al escenario con afán de besarlo. Una chica bella quiso darle un beso en la boca, el divo optó por voltear su rostro, y le dijo que ese tipo de besos los daba en privado, luego agregó que solo deseaba cantar. La gente comenzó a gritar. Él cantó: *Si me quieren que me quieran por mis canciones*. El público enloquecido lo forzó a retirarse del escenario.

EL CAMINO A LA FAMA

Alberto cada día se volvía más famoso, en México y en otros países. En 1973, el músico francés Jean Paul, que radicó una temporada en México, grabó una variedad de sonidos de Alberto que significó un paso más en su proyección internacional, de modo que le pidieron que grabara unas pistas de un LP. Jean Paul ofreció grabar con la sección rítmica de Mirelle Mathieu y la sección de cuerdas de la orquesta de Paul Muriat, amigo de Jean Paul. El resultado fue de leyenda, un disco de calidad con: En esta primavera, Nada ni nadie, Esta rosa roja y otras más.

Ese mismo año recibió un homenaje de la Sociedad de Autores y Compositores de música por sus éxitos en América Latina, y al año siguiente, el premio por Compositor del año, que le otorgó la crítica especializada. En 1974 grabó su primer disco con Mariachi Vargas de Tecatitlán.

Daniel Mijares dirigió la grabación porque Enrique Okamura se había ido a otra productora. El LP incluía canciones como: «*Se me olvidó otra vez*», «*Ases y tercia de reyes*», «*Lágrimas y lluvia*», etcétera. Años más tarde, grabó otro disco con Mariachi, con canciones más escuchadas en la radio: «Juro que nunca volveré», «*Con poco de amor*», «*Vidita mía*», «*Me gusta estar contigo*» y «*María*», «*María*», otro disparo al éxito.

El acontecimiento más importante fue la venta de aproximadamente dos millones de copias, que sucedió en el año 1977 con el sencillo Siempre en mi mente, esta canción representó una meta más.

Pudo conocer a gran cantidad de personajes que fueron leyenda para el pueblo de México, por quienes tenía respeto y admiración: Mario Moreno Cantinflas, María Félix, a quien le dedicó la canción María de todas las Marías, a Dolores del Río, Pedro Vargas, Arturo de Córdova, Enrique Rambal, Sara García, Carlos López Moctezuma, Don Fernando Soler, que le regalo una fotografía autografiada y a José Alfredo Jiménez, por quien sentía inmenso agradecimiento, porque creyó en él desde que lo conoció.

En diciembre de 1972, le hicieron un homenaje a José Alfredo por sus veinticinco años como compositor, agasajándolo en Dolores Hidalgo, Guanajuato, junto al Mariachi Vargas de Tecalitlán, Alicia Juárez y Juan Gabriel. En una de sus últimas entrevistas televisadas José Alfredo comentó: Le veo mucho potencial a Juan Gabriel. Vamos a ver hasta dónde llega. Yo le deseo buena suerte.

Su primer álbum con Mariachi fue un éxito (1974), también realizó dos películas: Nobleza ranchera (1975) y En esta primavera (1976), comenzó en el casino Royal de la ciudad de México (1975), Mercado de Discos le otorgó el Discómetro por su canción Se me olvidó otra vez (1975), recibió además, un homenaje de la prensa en Ciudad Juárez (1976), la RCA le otorgó el premio Niper de Oro, por sus ventas de dos millones de discos (1976), se lanzó en el Teatro Blanquita de la ciudad de México y se posicionó tres meses en cartelera (1976), y también se estableció en otros países.

LA MUERTE DE SU MADRE

El éxito que alcanzó se vio cubierto de dolor por la muerte de su madre que ocurrió el 27 de diciembre de 1974.

Alberto narró en una ocasión: «La casa de mi mamá era de adobe y madera, y yo me preguntaba ¿Por qué mamá regresaba a esta casita, si yo le había regalado una en Juárez? Ahora ya no importa la razón, ella ya no está igual que su casita. ¿Cómo se puede pensar cuando uno está así, sin el amparo de su madre?, mi mamá es mi amor eterno. Juro que por mi madre voy a llegar muy lejos, nunca más voy a padecer de hambre, ni me voy a quedar sin techo ni abrigo».

Cuando Alberto tenía veinte años y su amigo dieciséis fueron a ver a la mamá de Alberto, ella estaba muy enfadada y le señaló que andaba perdiendo el tiempo con malas compañías. Ella repetía enojada: «¡Qué haces con gente de mala reputación, con esos vagabundos que viven en las cantinas, un día te vas a arrepentir!». El no entendía porque su madre lo trataba tan duramente. Alberto regresó llorando a la casa de su amigo, le pidió que guardara silencio ya que le había ido a pedir dinero para almorzar y su amigo le dijo que no le pidiera, que conseguirían el dinero. Durante todo el día estuvo triste, el andaba todo el día cantando, imitando artistas, todo ese día estuvo abatido. Su familia se preocupaba mucho por Alberto, pero no tenían confianza en él.

Antes de morir Doña Victoria pasó vacaciones en Acapulco, de ahí Alberto se fue a México y la señora a Michoacán. De México, Alberto viajó a Juárez porque tenía eventos programados. Al llegar, recibió la noticia de que su mamá acababa de fallecer. Murió en su tierra. Fue severa, sencilla, no gustaba de los lujos, ni siquiera los deseó cuando Alberto ya había triunfado y podía dárselos.

VIII
Producciones Musicales

DISCOS, CANCIONES, INTÉRPRETES

En 1977 venció su contrato con RCA y lo invitaron a trabajar en Ariola que era la nueva compañía donde seguiría grabando sus canciones, descubriendo compositores, cantantes, músicos. Fue a Londres a trabajar con una orquesta de treinta y cinco profesores dispuestos a dar lo mejor de ellos. Johny Arthey fue el arreglista y director con el que inició. Las pistas resultaron de gran calidad técnica. Después de trabajar una semana con la orquesta durante mañana y tarde, grabó los coros. Es raro oír la palabra «Parácuaro» en voces anglosajonas, hicieron un buen trabajo, luego grabó Alberto. Lograron crear un disco con excelente calidad.

Luego tuvieron otros éxitos como Mis ojos tristes, grabado en México. Regresó a Londres a grabar el LP Buenos días señor sol, que por su alegría la cantan los niños de Semjase y otras escuelas como himno.

Al inicio de las operaciones de Ariola, Alberto propuso a sus ejecutivos que grabara Rocío Dúrcal con Mariachi, interpretando sus canciones. Juiciosos del valor de quien hizo el ofrecimiento, la producción del disco se realizó. El suceso es considerado como el renacimiento de Rocío Dúrcal. Hay que recordar canciones de este disco como: Tarde, Jamás me cansaré de ti, Fue un placer conocerte, y otras más que a lo largo de 7 u 8 elepés, forman en la actualidad la colección de canciones del dúo Rocío Dúrcal/Juan Gabriel. Ese álbum tuvo el récord de ventas en España a principios de los ochenta. En aquellos años, en España, la exploración de temas y ritmos produjo desazones en los dúos, de modo que, en ese contexto, el valor de Juan Gabriel como autor-productor destacó. Fue tal el éxito de Ariola a raíz de la contratación de artistas de la talla de Juan Gabriel, Rocío Dúrcal y más tarde, José José, Estela Núñez y otros artistas más, que la empresa tuvo que esforzarse por satisfacer la demanda de discos en el mercado. Ariola debió apresurarse a consolidar adelantar su proyecto de armar una fábrica para producir sus propios discos para satisfacer la demanda. Alberto fue una pieza clave en el crecimiento de Ariola.

LA RECUPERACIÓN DE SUS DERECHOS

Durante ocho largos años, Juan Gabriel no sacó ningún álbum al mercado, salvo el caso de Debo hacerlo, promovida durante la reseña cinematográfica de 1987 en Acapulco, que por cierto, era muy pedido en sus shows, esta canción era capaz de hacer que la gente se desate en euforia. También sacó Mi más bello error, número que era prácticamente inédito y se grabó en vivo durante los conciertos que Juan Gabriel ofreció en Bellas Artes en 1990.

Durante esos ocho años no hubo ningún éxito nuevo, es importante que un cantante mantenga su sitio en el gusto del público, sin embargo Alberto se negó a grabar un disco con canciones nuevas por este periodo de tiempo porque inició un largo proceso jurídico contra la compañía que administraba su contrato de intérprete, el control y copropiedad de sus obras.

Con la editora de música, parte de esa empresa consiguió lo que ningún autor nunca antes había conseguido: que la editora le devuelva paulatinamente la propiedad de sus obras, cada vez que Juan Gabriel entregaba la producción de un nuevo disco.

Es importante el arreglo que consiguió con la editora, ya que cualquier autor de gran prestigio y popularidad como Don Rubén Fuentes, Armando Manzanero, Joan Sebastián, por mencionar algunos, pudieron crear su propia editora de música y conseguir que se le administren sus obras actuales por un tiempo determinado para obtener un porcentaje más satisfactorio para el autor, pues gracias a su fama un artista ya está en mejor posición para negociar, sin embargo, solo una persona pudo recuperar el cien por ciento de sus obras, desde la primera hasta la última composición, y ese artista fue Alberto Aguilera.

Juan Gabriel corrió un riesgo altísimo, pero se consagró como intérprete y como gran artista del espectáculo. Durante todo el tiempo que no grabó ni una canción y estuvo alejado de la televisión (salvo contadas apariciones como el tan sonado programa de Verónica Castro), la energía de su gran capacidad de atracción la capitalizó con grandes conciertos, salas de espectáculos y palenques, en ellos crecía más su popularidad. Se le tomó como un genio de la composición musical por sus numerosos temas, y también se le adjudicó el adjetivo de «embajador» de la música, porque muchos otros intérpretes lograron el ascenso artístico gracias a las composiciones del divo de Juárez.

A principio de los setentas, surgió en Alberto Aguilera la necesidad de la recuperación total de sus canciones cuando un destacado editor le plantea crear una editora con el objetivo de que a partir de ese momento todo lo que componga y grabe sea del propio Alberto. Una vez contó el divo que su razonamiento fue el siguiente: «Si le ponía alma, corazón y lágrimas a mis canciones, por qué tenía que compartir de por vida con una empresa un cincuenta por ciento de derechos, producto de mis sentimientos, cuando ellos solo habían invertido en el registro de la obra».

En 1981, RCA logró sacar un disco para la temporada navideña con varios artistas. Le solicitó a Ariola, compañía en la que Alberto grababa desde 1978, el track de Con tu amor, un éxito por aquel entonces. Alberto sugirió a Fernando Hernández, director general de Ariola, que en lugar de Con tu amor saquen la canción Siempre en mi mente, la cual formaba parte del catálogo que Alberto había dejado grabado en la RCA, y que ya apuntaba para convertirse en un hit.

La respuesta de la RCA a Ariola fue que quitara del mercado todos los discos que tuvieran canciones pertenecientes al catálogo de RCA Edim.

Alberto llevo la respuesta de RCA a un conocido abogado,

quien lo escuchó y le propuso contestar la carta a RCA Edim manifestándole su inconformidad por esa actitud, y con ello el anuncio de una demanda. Con este suceso Alberto se dio cuenta, que no valoraban la importancia de sus obras, y no sabían qué hacer con lo que representaba su patrimonio. RCA Edim contestó ofreciéndole disculpas a Alberto, y según él mismo narró esta carta fue más importante que la primera, porque confirma lo que él pensaba.

En el período de la demanda, en 1986, se fusionaron, RCA y Ariola dando como resultado a BMG/Ariola. Alberto no aceptó la fusión, pero el contrato firmado estipulaba muy rotundamente que se podía traspasar o vender a terceros. Entonces Alberto retomó la idea de la demanda. BGM/Ariola le propuso un nuevo contrato que contemplaba la devolución de sus canciones, pero sin especificar cuándo y por qué. Por ello pasó ocho años peleando sus derechos.

IX
El Legado De Juan Gabriel

SEMJASE:
SUEÑOS, MÚSICA Y EDUCACIÓN

Cuando Alberto triunfó como Juan Gabriel, se acordó del niño que fue y así la idea que venía amasando de ayudar a otros niños se convirtió en realidad. En 1987 fundó Semjase para niños que quisieran ser músicos:

«En la vida de uno la necesidad y la obligación son una misma, yo, por ejemplo, no tenía ninguna obligación de hacerlo pero sí la necesidad de fundar un albergue para niños pobres, porque yo fui uno de ellos. No tenía la obligación de hacerlo para eso está el gobierno y hay instituciones privadas, pero quise tener esa obligación. Uno no debe pasar desapercibido en este mundo, y para mí y los que quieren superarse, la necesidad y la obligación son lo mismo. La primera razón para tener esa obligación es que fui un niño interno y la segunda es que hago lo que quiero con lo que gano. Trato de cambiar lo material por lo espiritual, me da satisfacciones, aunque lo material me ha traído problemas. La niñez es lo mejor que tenemos, además es la mejor inversión de los mayores, y la mejor inversión de la vida.»

La inauguración de aquel albergue, que se conoce como la escuela de Juan Gabriel, se planeó para el 30 de abril de 1986, pero se inauguró hasta septiembre de 1987. Para esa ocasión el licenciado Miguel Alemán Velasco fue invitado para cortar el listón. La primera directora fue la maestra Micaela Alvarado, quien dirigió el internado donde vivió Alberto cuando era un niño. Después siguió la maestra Alicia Pérez Gallegos, quien continúa como directora.

Bautizó el albergue con el nombre «Escuela Primaria Semjase Silvestre Revueltas», en honor al gran músico de Durango. Las aulas tienen nombres de compositores de gran valía: Juventino Rosas, José Alfredo Jiménez, Gonzalo Curiel, Tata Nacho, Manuel Esperón, Joaquín Pardavé, Guty Cárdenas, Álvaro Carrillo, Luis Arcaraz, Agustín Lara, María Greever. En 1987 había una población de 74 alumnos, a la fecha datan 150 entre los 6 y los 17 años de edad.

El albergue funcionaba con una dirección general, una subdirección y otras direcciones más: La de la escuela primaria, que atendía a niños de los seis y los doce años, la dirección de la escuela de música, que atendía a toda la población de Semjase, y la dirección que maneja la trabajadora social, que se preocupaba de la comida, el descanso, las tareas, el recreo, etcétera.

Existían también otras áreas de apoyo: mantenimiento, intendencia, cocina, lavandería, en total cuarenta y seis personas prestaban servicios al albergue, el cual funcionaba veinticuatro horas diarias, durante todo el año. A los alumnos se les elegía con cuidado, en general eran hijos de madres solteras. En todos los casos se procuraba que el candidato tenga un familiar cercano: mamá, papá, tía, abuela, para que los niños no pierdan contacto con su familia, así se pretendía que los niños no pierdan sus raíces. Los niños recibían educación, apoyo y seguridad, así como una preparación para su futuro.

Durante los seis años de primaria, los niños podían ser internos si así lo necesitaban, después se promovían becas para que sigan la secundaria. El niño continuaba en la escuela de música, aunque cursara la primaria o la secundaria, sólo que en este último caso dormía en su casa.

Para el año 1995 ya sumaban 35 los alumnos que estudiaban secundaria o preparatoria. El avance de los estudios musicales fue notorio. A veces alguna institución los invitaba a tocar y ofrecía pago por las intervenciones de los jóvenes. Semjase aceptaba o rechazaba las invitaciones que no ofrecían pago. El sostenimiento y mantenimiento de Semjase era independiente, Alberto Aguilera lo sustentaba. Sin embargo, la escuela cerró en octubre del 2015 por falta de fondos y los niños que atendían fueron reubicados a otros albergues. Hoy, con la muerte de Juan Gabriel, no se sabe si seguirá impartiendo su labor social, todo indica que no, pues ya aparece como «inactiva». Pese a todo, no se puede negar que fue una gran iniciativa del divo Juan Gabriel.

Un hecho curioso ocurrió en el albergue independiente de Juan Gabriel, y es que se desarrolló un principio de valoración agrícola, de modo que si a los chicos se les daba carne, de acuerdo a su costumbre y tradición, primero se les debía dar una ración doble de verduras y después la pieza de pollo. También se ordenó que por las mañanas les den frutas y luego cereales. Los mismos niños podían elegir lo que deseaban comer, pero se instaba a una alimentación sana basadas en verduras y frutas.

LA CONSAGRACIÓN EN LA PRIMAVERA: BELLAS ARTES 1990

Juan Gabriel, una figura apreciada por el público, quiso extender su trabajo musical dominando grandes espacios, haciendo grandes shows con coros y músicos. Uno de los lugares que se decidió a conquistar fue el Teatro de Bellas Artes de México, en 1990. Y lo logró, pese a las críticas que obtuvo por condecorarse como divo en un lugar que deslindaba de la música popular.

Juan Gabriel se encontraba aún en el Teatro de Bellas Artes (México), aunque ya tenía más de casi tres horas brindando un monumental espectáculo. Pero ya era el final, y aun así, después de quince minutos, las personas no sabían si salir de sus sitios o quedarse allí, con la esperanza de que aparezca nuevamente su ídolo para seguir deleitándolos sus emotivas composiciones musicales. Los aplausos se convierten en un «gracias» multitudinario, pero después llega el silencio.

En el silencio, los comentarios se vuelven en un solo murmullo, y aunque todos están satisfechos quieren más. Escuchar a Juan Gabriel en vivo es mucho más emocionante que escuchar sus cassettes o discos.

Hay quienes salen de sus sitios y divagan sus caminos, otros ya salen definitivamente, prenden cigarrillos y realizan comentarios sobre las impresiones que les ha causado el concierto.

Al concierto han asistido personas adineradas, de clase media, de todas las razas y diversidad que existe. También hay funcionarios y políticos en los palcos. Allí, todos son iguales, todos tienen algo en común: aman la música de Juan Gabriel. Alberto jamás pensó que llegaría a tener ese éxito desmedido, viniendo de una familia pobre, rota, que, además, nunca creyeron en su talento.

Pocos artistas habían logrado cantar en el Palacio de Bellas Artes, antes que juan Gabriel, por eso fue una noticia muy criticada que un cantante popular como él tenga las puertas abiertas para su concierto. Y sin embargo, lo hizo.

Para entonces Juan Gabriel ya era un artista de peso pesado. Sus composiciones, arreglos e interpretación, se estimaban con gran valor. Ya era un ídolo aclamado que mezclaba su aire infantil, divertido, con lo sensual y hasta sexual, en ciertos números.

En una ocasión Magallanes, le preguntó a Juan Gabriel en qué radicaba la conexión con su público, el cual, opinaban, les recordaba lo erótico, sensual e incluso sexual; a lo que el cantante respondió que él no lo veía de esa manera, pues en el momento el público le inspiraba varias cosas, entonces su actuación era de acuerdo a lo que le inspiraban. No le preocupaba lo que piensen los demás, pues muchas de las cosas que se decían resultaban ser banales. Por último, respecto a su comunicación con el público, Juan Gabriel siempre pensó que el público debía quedarse con lo que le guste de él. Además estaba seguro de que su público lo quería mucho, así como él, que hacía todo por ellos. Siempre recordaba su etapa de niñez de los tres, cuatro o siete años en los que vivió sin nada de amor; por eso, decía que recibía el amor de su público como algo especial.

Otra de las preguntas incómodas que siempre le hacían a Juan Gabriel era sobre la polémica que existía a su alrededor: si tenía hijos con diferentes mujeres pagadas, sobre si era homosexual, bisexual o si se consideraba transgénero; a lo que el cantante respondía que casi todo lo que decían de él eran leyendas y que no le causaba interés saberlo; prefería, en cambio, aprender más del arte musical, estudiar las notas de la música, los arreglos, la perfección de un «do», un «re» en su sitio, para componer y dar más de sí mismo en sus conciertos.

Su gran logro en 1990, fue dar ese concierto en el Teatro de Bellas artes, porque antes solo había estado reservado para las élites: óperas, orquestas, exposiciones artísticas de escultura, artes plásticas, música, arte escénico, y grandes solistas. Ese espacio había sido negado a los cantantes populares, por eso, muchos críticos trataron de mancillar su arte. Se le ofendió al cantante y también a quienes habían permitido su presencia. ¿Cómo un músico popular, cantado en las tortillerías, en los talleres mecánicos, en las cantinas o las fábricas iba a dar un concierto en ese lugar tan privilegiado? Los críticos más sensibles en cuanto a apreciación artística dieron el grito al cielo, sin embargo lo popular esta vez se dio su lugar.

El disco del concierto en Bellas Artes se alzó en ventas en todo México, América Latina y Estados Unidos. La compañía

Ifanel fue la encargada de la grabación, quien se presumía de experimentada y además, era muy famosa. El director técnico fue Ryn Ulyathe. Resultó un gran éxito.

Por otro lado, en este concierto se destinó lo recaudado en taquilla a la compra de instrumentos musicales para la Sinfónica Nacional y para los niños de Semjase, un internado de niños muy significativo para el divo.

SU LEGADO

El don de cantar y escribir canciones, permitió que Alberto pueda cambiar el rumbo de su vida, la energía que tenía era tan extraordinaria que contagiaba a la gente más cercana a él. Sus canciones tenían mensajes tan fuertes, muchas de ellas hacían llorar a él mismo, cuando las cantaba en los conciertos, sus fans se emocionaban mucho, hacían catarsis.

Las personas que trabajaban con Juan Gabriel, debían controlar la adrenalina, y estar atentos a sus indicaciones. Él buscaba romper con los esquemas de la música, del concierto, del espectáculo, del público, de la orquesta, de él concierto, de él mismo. Todos debían estar bien concentrados, los integrantes de la orquesta, los coros, los técnicos, los ayudantes. Era un buen maestro, enseñaba a todos los que estaban en el escenario, por ello, era un lujo trabajar con él.

Tenía pensado sacar el disco «*Hasta que te conocí*», en el que podemos apreciar la manifestación de nuestra naturaleza social, y expresa nuestros momentos en vida: las penas y alegrías del alma. Probablemente la gente joven hallará en ese disco de Juan Gabriel las canciones que hacían abrir sus sentimientos a sus padres y madres, canciones las cuales sufrieron de amor, reflexionaron y gozaron la vida. En el álbum se incluyeron sones michoacanos, huastecos, corridas, canciones rancheras (*«El son del palo»*, *«La herencia»*, *«Juan y María»*, *«La 187»*), fue un trabajo tan bien hecho para que canten y piensen acerca de sus más inevitables necesidades y realidades.

A Juan Gabriel se le recuerda como aquel muchacho que comenzó haciendo coros en algunas grabaciones, luego continuó grabando sus propias composiciones y consecutivamente produciendo discos para otros artistas. En cada una de sus etapas Alberto lucía mucha seguridad para tomar decisiones importantes para el futuro de sus canciones, ya sea arreglos, ejecución de músicos, interpretación de coros, cantantes y calidad de sonido.

Tenía una memoria impresionante, era otro de sus tantos talentos, recordaba canciones que escuchaba desde niño con su mamá, en la calle, en la escuela, en el mercado, pero no sólo recordaba las letras, sino recordaba hasta las melodías, el artista que la cantaba, quien la había creado. Siempre tuvo una sensibilidad tal, que definitivamente, la música le fue una necesidad.

Un amigo le preguntó qué significaba la música para él cuando era niño, y respondió que de pequeño le gustaba descubrir la melodías de los sonidos de algún objeto como el sonido de la frecuencia de la sierra eléctrica, mientras él jugaba a ser lo que llamamos una segunda voz, en un tono más alto o más bajo que el del instrumento en cuestión. De esa forma desarrolló un sentido de la armonía.

A los arreglistas les llamaba la atención su lógica musical. El divo nunca aceptaba algo que suene más o menos bueno, hasta encontrar la línea melódica de aquel sustento armónico o rítmico que el carácter y fuerza de la canción requiere.

Juan Gabriel conseguía en la creación de sus canciones fórmulas musicales originales por cuanto a cambios de tono y ritmos se refiere, y lo lograba muchas veces de forma intuitiva. Por ello logró canciones maravillosas como «*De mí enamórate*», «*Siempre en mi mente*», «*Querida*», etcétera.

Muchas de las letras de sus canciones han dado que hablar, por sus fuertes mensajes, sin embargo algunas frases ya son parte de los dichos populares como «Por eso aún estoy en el lugar de siempre, en la misma cuidad y con la misma gente» o «No cabe duda que la costumbre es más fuerte que el amor», o «Pero qué necesidad, para qué tanto problema».

Le gustaba innovar en sus conciertos, cambiando los tiempos. Por ejemplo, en el concierto en Bellas Artes con la Orquesta Sinfónica Nacional, pidió a los músicos cambiar ciertas frases en la sección de cuerdas, en consecuencia tenían que trabajar más de cincuenta elementos. El resultado fue el gozo de todo su público.

Evolucionó en el aspecto creativo de las formas literarias y musicales, a través de distintos géneros con los cuales ha sorprendido enormemente, como es el caso de «*Debo hacerlo*», entre otros muchos, donde realiza una mezcla increíble de runa, rock y bolero, con la incorporación del Synclavier, instrumento electrónico espectacular de la más alta tecnología musical, que estaba muy de moda, con instrumentos tradicionales del mariachi y los metales de la orquesta.

COMUNICADO DE JUAN GABRIEL

A todos los humanos
Señoras y señores:

Al nacer venimos con un destino ya señalado, el cual se debe cumplir, exactamente como te lo han señalado. Este no se puede cambiar, abandonar, hacerse otro, si uno se reúsa a seguir el camino, no tendría sentido su paso por este mundo. Yo cumplo con mi destino de crear música, hacer canciones y cantarlas para el deleite de otras personas. Me siento feliz de estar cumpliendo con el destino que me fue fijado y lo realizo con todo gozo y satisfacción, porque ha sido una actividad que me ha dado muchas satisfacciones y me ha permitido perdonar a las personas que no supieron quererme.

Siento que mi tarea es ayudar a las personas, sobre todo a los niños y jóvenes, que vean en mi un ejemplo para identifiquen cuál es su destino a seguir y que lo respeten. Ellos son el futuro de país, que mejor que se realicen en la vida explotando los dones que les dio Dios.

Debemos educarlos en casa, con valores como la responsabilidad, la puntualidad, la solidaridad y la lealtad. Ellos deben estar preparados a rescatar lo positivo de los sucesos malos que le puedan pasar en la vida. Deben buscar siempre ser mejores que ayer, y vivir el presente como ciudadanos humanitarios.

Espero con todo corazón, que esta escuela sea muy provechosa para los niños, y que las personas responsables de llevar las operaciones con excelencia, lo hagan responsablemente, para que estos niños sean personas de bien en la sociedad. Que tengan la actitud de un luchador, que no se amilanen con la primera derrota.

Nosotros debemos siempre apoyarlos y comprenderlos cuando se equivocan, no bajarle la autoestima y la moral, por cosas que en su lugar y con su edad tal vez la haríamos igual hasta peor. En su subconsciente queda grabado las experiencias buenas y malas, los adultos les enseñan así a hacer las cosas por miedo que por convicción a hacer algo bien. Pónganse a pensar padres, si ellos no encuentran apoyo en casa, ¿dónde lo van a encontrar? Lo único que lograrán con esa actitud es que sus niños se escapen de sus casas.

Me llena de alegría haber cooperado en la ciudad que me vio sufrir, deambular, crecer, soñar, siempre estuvo en mis proyectos hacer una escuela para ayudar a los niños, en ellos me veo a mí. Quiero más a los niños que han sufrido, porque ellos necesitan más ayuda, más amor. Yo luché día y noche para llegar al éxito. Muchos piensan que la vida de un artista está llena de alegrías, que todo es felicidad y abundancia. Pues no es así, la vida es dura para todos. Lo que hay que trabajar es el carácter, la actitud positiva, las declaraciones son muy importantes. Cuando yo tenía problemas, pedía a Dios me ilumine para que las respuestas lleguen.

Invito a otras personas que han logrado hallar su camino, y esto les ha permitido llegar al éxito. Anímense a poner su granito de arena, en la sociedad. Háganlo en cualquier parte del mundo, en donde nacieron, en donde radican ahora, en el lugar que quieran pero sigan mi ejemplo.

112

Me siento muy orgulloso y realizado por haber cumplido con un compromiso que me tracé en beneficio de la tierra que me dio abrigo. Que quede claro que antes de michoacano o chihuahuense, soy profundamente mexicano. Un mexicano que ama y respeta a su patria y que desea su mejora y su prosperidad.

Juan Gabriel

X
México y Todo El Mundo De Luto

MUERTE DE JUAN GABRIEL

El inadvertido fallecimiento de Juan Gabriel tomó por sorpresa a fans, colegas, amigos y familiares del Divo de Juárez. Las muestras de asombro y pesar por su muerte no tardaron en inundar las redes sociales.

A menos de un mes de su fallecimiento, Juan Gabriel estrenó un nuevo video musical el 16 de septiembre, Día de la Independencia mexicana. En el video podemos observar a una orquesta de 35 músicos tocar una encantadora versión musical de «*Si Quieres*». A la vez, Juan Gabriel canta febrilmente frente a un fondo azul, «Si quieres, me estoy contigo toda la vida hasta que muera».

Su fallecimiento ocurrió el domingo 28 de agosto, por la mañana a causa de un paro cardíaco. El subdirector de la oficina forense del condado de Los Ángeles dio a conocer detalles de cómo y quién encontró el cuerpo del cantante, así como los esfuerzos que se hicieron para intentar salvarle la vida.

En una entrevista, el médico forense contó que el cuerpo del cantante fue encontrado en el baño de la casa en Santa Mónica, California, aunque no presentaba golpes ni heridas. Dos personas descubrieron a quien en vida fue Juan Gabriel. Estas personas eran empleados del artista, y uno de ellos había intentado revivirlo.

La certificación de los paramédicos que atendieron la emergencia detalló que la muerte del artista, de 66 años, aconteció a las 11:30, hora local, a causa de un ataque cardíaco.

Juan Gabriel tenía un extenso historial médico. Según pudo saber, sufría de problemas cardíacos, padecía diabetes, neumonía e hipertensión. Fue uno de los hijos del cantante quien decidió que no se le hiciera la autopsia. No obstante, en la funeraria se le tomó una muestra de sangre para determinar si había tomado algún medicamento o droga. La conclusión fue que no hubo drogas ni medicamentos de por medio.

HOMENAJE AL DIVO DE JUÁREZ
La organización de los Latin American Music Awards 2016 informó que se ofrecería un homenaje a Juan Gabriel el 6 de octubre.

La actriz mexicana Carmen Salinas se incorporó al grupo de lamentaciones por el fallecimiento de Juan Gabriel y dijo: «Bendito sea Dios que no sufrió porque él le tenía mucho miedo a los hospitales».

Desde las sentimentales muertes de Pedro Infante, Cantinflas y Agustín Lara no se veía un fenómeno así en México, ya que bastantes personas expresaron en una ola de dolor la gran pérdida del Divo de Juárez.

LA ÚLTIMA GIRA DE JUAN GABRIEL

Domingo 28 de agosto de 2016, El Paso, Texas: cerca de las 3 de la tarde los periodistas volvieron al hotel para comenzar a alistarse, pero una noticia cambiaría sus planes: se cancelaba el concierto. Sin entender, todos esperaron ordenadamente a que les brindaran más información; fue así que el poder de las redes sociales impidió guardar cualquier secreto. Entonces, poco a poco, entre rumor y rumor, se anunciaba que había fallecido. Nadie lo podía creer, no lo querían creer. Posteriormente, llegó la confirmación oficial: ya no habría más conciertos. «El señor», como lo denominaba su equipo de trabajo tras bambalinas y en el escenario, había muerto. A partir de entonces se señalaría con empeño su nombre oficial: Alberto Aguilera Valadez, pero para todo mundo, era un hecho que Juan Gabriel —Juanga— ya no estaba para deleitar con su arte.

Ninguno sabía cómo reaccionar, nadie sabía qué decir, solo se encontraban allí, físicamente presentes pero su mente en otra parte, se encontraban aturdidos. ¿Qué seguía? En ese instante, la mayoría de los presentes recordó el concierto que había dado dos días antes en Los Ángeles, el cual desde entonces sería el último show.

El equipo de Juan Gabriel, se quedó consternado. ¿Dónde

estaba el señor Juan Gabriel? O «el señor» como lo conocían? Por el gran respeto que inspiraba debido a su profesionalismo.

Cada integrante de su equipo vivió la experiencia de trabajar con Juan Gabriel de diferente manera, habían los que tenían más de dos décadas trabajando con él y también los que solo llevaban pocos meses a su lado. Su equipo consideraba al intérprete como una persona virtuosa, un gran filántropo que ayudaba sin esperar nada a cambio. Sus modos metafóricos de responder o su forma dulzona con matices poéticos para expresarse le daban un aire enigmático.

En el escenario se desenvolvía como un verdadero artista y se caracterizaba por su entrega total hacia su público. Amaba a sus fans, lo daba todo por sus fans, ello se explica con sus conciertos largos de tres horas, muchas veces brindaba una hora adicional para atender el pedido del público, quienes pedían diferentes temas.

Luego de su primer concierto en Bellas Artes en 1990, Enrique Patrón destacó dichas particularidades: «Le gusta improvisar y depende cómo se encuentre el público le va añadiendo cosas.» Eso continuó haciéndolo, le gustaba improvisar, nada estaba dicho en su totalidad, más bien, solía estar atento a lo que el público pedía. Esto tuvo como consecuencia que nunca existiera dos conciertos iguales, cada uno fue único y singular, porque cada uno tuvo su lado improvisado. Eso mismo pasó en la ciudad de Los Ángeles, en ese concierto que, sin preverlo, se volvería en el último de divo de Juárez. Los Ángeles era la penúltima ciudad de lo que formaría la primera parte de la gira, compuesta por San Diego, Sacramento, Los Ángeles y El Paso.

Desenvolverse en un escenario era siempre un reto que lo enorgullecía, y cuando se trataba de un país diferente a México se empeñaba en llevar una parte de la cultura mexicana.

El primer concierto en San Diego despertó expectativa. La función arrancaba con el tema «México es todo», la cual es un homenaje a la diversidad característica del país que lo enorgullecía: «El mundo sabe que este México / es único, que es mágico y fantástico/ y también sabe que este México / es músico, que es rítmico y romántico [...] / que es unigénito, exótico, turístico y muy plácido». Cantaban los coristas al mismo tiempo que los bailarines preparan el escenario para la entrada de Juan Gabriel. Además de promover la diversidad de México, la canción inicia con la repetición de la frase: «tú eres yo»; según fuentes cercanas a él, es una frase que exhorta a reconocerse en el otro; a eliminar las diferencias entre personas; a alentar amistad entre todos.

La respuesta del público fue el aplauso duradero. Juan Gabriel aparecería después, así permitía que su equipo fuera aplaudido y reconocido. Con esas aperturas se rendía respeto a su propia cultura mexicana e hispanoamericana. Ese fue el ambiente que reinó en los tres últimos conciertos que dio antes de que su corazón dejara de funcionar. Juan Gabriel, era un icono cultural, ayudó a integrar la identidad nacional, hispanoamericana, y más aún en el extranjero.

El día de su muerte, en el concierto de Los Ángeles, el Mariachi de Mi Tierra se puso un elegante traje azul rey; los músicos de blanco; las coristas estrenaron vestidos azules; la banda argentina Jerok un traje gris y los bailarines tuvieron distintos cambios de vestuario. Aquella noche del concierto, sin saberlo, todos se habían reunido para despedir al divo. Juan Gabriel, enfundado en pantalón negro y camisa azul, se alistó para entregarse nuevamente al público que lo esperaba.

En las dos horas y media que perduró el concierto, Juan Gabriel hizo nuevamente prueba de la humildad y humanidad que lo diferenciaban. Concedió su puesto en más de una ocasión para que los coristas corearan y cantaran solos, así permitió que algunos músicos se reconozcan. El Pachuco exhibió su coreografía, el dúo de Zona Prieta cantó, el mariachi hizo vibrar el foro y los bailarines hicieron acrobacias y coreografías. Juan Gabriel cantó, brindó, bailó y contagió a todos de esa energía única que lo particularizaba al hacerlo todo «con el alma».

Posteriormente, el concierto llegó a su fin con el habitual desfile de gratitud. Juan Gabriel, parado en un punto del escenario, observó a todos por última vez. Todos los que formaron parte de su equipo recorrieron el escenario hasta llegar a su altura, y antes de tomar la pasarela que los conduciría a la salida, Juan Gabriel, siempre atento a todo su equipo, les dedicó, a cada quien, una mirada. En ese momento, parecía que ya no era el Juan Gabriel artista, ni Alberto Aguilera que los observaba, sino «El señor», que encabezaba a su equipo de trabajo, sintiendo que todos estaban ahí por él y para él. Aquella noche su mirada fue diferente, fue más pronunciada que de costumbre, quizá como si él mismo, sintiéndose tan pleno y satisfecho, hubiera anticipado su desfallecimiento. Esa fue la última vez que lo vieron. Juan Gabriel, se encontraba feliz y agradecido, así se despidió emotivamente de su público y de su escenario por última vez ese 26 de agosto.

Alberto Aguilera Valadez o Juan Gabriel es parte de la idiosincrasia de México, de lo mexicano. Su enorme capacidad de hacer confluir los sentimientos y emociones de los mexicanos en las letras y música de sus temas musicales, hizo que venciera clasificaciones económicas, educativas, culturales o sociales. No había mexicano que no lo conozca.

El don de comunicar de Juan Gabriel contribuyó al habla popular frases populares, así como un claro reflejo de la idiosincrasia mexicana: «se me olvidó otra vez», pero sobre todo afloró la sensibilidad del mexicano y del latino en general, con «Amor eterno». Así, reunió todos los elementos para volverse en un icono cultural, en un referente de la identidad nacional mexicana e hispanoamericana.

La letra del famoso tema musical «Noa Noa», con la cual finalizó el concierto de Los Ángeles, cobra ahora mayor sentido: «No te tomes tú la vida tan en serio / de una forma u otra de ella vivos / nunca vamos a salir / vive, baila, canta y goza / que la vida es muy hermosa / y en el mundo hay tantas cosas / que te ponen muy feliz».

El comunicado de Obama sobre su fallecimiento («Para muchos mexicano-americanos, mexicanos y gente en todo el mundo, su música sonaba a "hogar"») fue más bien la prueba de que Juan Gabriel era también música estadounidense que daba un lugar a Hispanoamérica como espacio natural.

EL ÚLTIMO MENSAJE

Juan Gabriel, en su último concierto, MeXXIco es Todo 2016, dejó un mensaje, que ha quedado inmortalizado. «Felicidades a todas las personas que están orgullosas de ser lo que son». Con este mensaje cerró su concierto, su última subida al escenario y la despedida a su público. El mensaje aludía a la diversidad sexual, que Juan Gabriel no pudo vivir libremente, porque se encontraba en una época de prejuicios y acosos, al punto que su homosexualidad levantaba polémicas.

Un viernes, pareció despedirse. Aquel viernes fue su último concierto, y se presentó en Los Ángeles con un traje oscuro para su despedida. Fue un adiós que no proyectó y sin embargo estuvo a su altura, una última serenata ofrecida a su público y un mensaje que define en gran parte la herencia musical que nos dejó.

Aquel viernes, donde dio lo último de todo su ser, reiteró su orgullo por México. El concierto se convirtió en una auténtica fiesta en la que fue escoltado en el escenario por alrededor de 60 músicos de mariachi y orquesta, bailarines y coristas.

El escenario, que recordaba a una guitarra, le hizo posible recorrerlo en cada tramo, mientras se veía su imagen en enormes pantallas a lo alto. Y allí fue donde se reflejaron las últimas palabras a sus fans:

«Felicidades a todas las personas que están orgullosas de ser lo que son». Con aquel mensaje cerró su concierto, su última subida al escenario y la despedida a su público.
Alberto Aguilera Valadez falleció a los 66 años en Santa Mónica, California, a las 11:30 a.m. tras sufrir un infarto, según reportaron familiares. Aquella noche se presentaba en El Paso, Texas y en Don Haskins Center de UTEP, como parte

de su gira. Los representantes de UTEP anunciaron la fecha para el reembolso de los boletos adquiridos para el show del cantante que ya descansa en paz.

Tras su muerte, el artista también dejó pendientes conciertos que tenía proyectados para todo el mes en Guadalajara, Jalisco, el 3 de septiembre; Seattle, Washington, el 9; Fresno, California, el 11; Las Vegas, Nevada, el 16; Dallas y McAllen, Texas, el 18, 22 y 23; Chicago, el 25 y Greensboro el 29.

De acuerdo con la página oficial de su gira, en octubre tenía planeado viajar a las ciudades de Miami, Saltlake City, Nueva York, Laredo, Phoenix, Foxwoods y el 30 de octubre visitaría Puerto Rico.

HIJOS

Hace cuarenta años, Alberto Aguilera, decidió adoptar a un joven de doce años. Lo llamó igual que él: Alberto Aguilera Jr., a quien sacó del albergue Semjase, fundado por Juan Gabriel en 1987 y al cual destinaba 25 mil dólares. Semjase cerró sus puertas en 2011 por malas administraciones financieras.

Alberto deseaba ser padre, así que negoció con la hermana de su mejor amigo Jesús Salas, tener un hijo por inseminación artificial. Laura aceptó y en el más imperioso silencio lo llevaron a cabo. Es decir, Juan Gabriel fue pionero en los casos de vientre alquilado, antes que Ricky Martin y Elton John. Fue hace 28 años, que Laura Salas concibió a Iván Gabriel, el primer hijo y el único que lleva los genes Aguilera Valadez.

Una vez ejecutado el sueño de ser padre, Juan Gabriel resolvió adoptar a tres niños más: Joan Gabriel, Hans Gabriel y Jean

Gabriel. Tres pequeños que también se dice adoptó de su albergue y que llevan los apellidos Aguilera Salas. De su hijo mayor Alberto Aguilera Jr., Juan Gabriel se separó el día en que falleció Alberto III en mayo de 2012, a los 23 años, por sobredosis de drogas. Dos años antes, el 29 de julio de 2010, Alberto III había sido encarcelado junto a su tío Joan Gabriel, acusados de robo. Fueron atrapados intentando emplear una tarjeta de crédito de la víctima. Juan Gabriel murió enemistado con su hijo mayor, e incluso se sabe que tenía una orden de restricción para que su hijo no se aproximara a él.

Por otro lado, Iván Gabriel (su hijo de sangre) estudió Administración de empresas y durante los últimos años se consagró a representar a Juan Gabriel y además trabajaba organizando sus conciertos. Iván Gabriel se casó en enero de 2012 en Florida con la rumana Simona Hackman. Juan Gabriel estuvo presente en la boda y, según se supo, pagó la millonaria boda. En 2014 Iván y Simona concibieron a su primera hija.

De Joan Gabriel también se sabe que tuvo un accidente automovilístico en Florida en 2013 por conducir en estado de embriaguez, fue sentenciado en marzo de 2015 a libertad condicional y servicio comunitario, por lo que se le quitó la licencia de conducir por 6 meses. De Hans Gabriel y Jean Gabriel se conocen pocos datos de su vida.

Juan Gabriel fue un artista que mantuvo su vida privada alejada de la prensa y por ello mucho se discurrió acerca de la relación que tuvo con su familia, especialmente con sus hijos.

Pese a lo conocido, Oswaldo Pisfil narró que Juan Gabriel pasó un momento muy espinoso cuando uno de sus hijos estuvo encarcelado y aclaró que sí se llegaron a amistar. «De hecho a sus hijos los tenía trabajando en esta gira, sus hijos estaban administrando a todo el talento que lo acompaña. Él creó su propia empresa y le dio trabajo a sus hijos».

REACCIONES ANTE SU FALLECIMIENTO

El presidente de México Enrique Peña Nieto a través de Twitter declaró su pésame. «Una voz y un talento que representaban a México. Su música, un legado para el mundo. Se ha ido muy pronto. Que descanse en Paz.», había escrito.

El secretario de Cultura de México, Rafael Tovar y de Teresa, anunció que el presidente de México ordenó rendir homenaje post mortem a Juan Gabriel en el Palacio de Bellas Artes de la Ciudad de México. Además, la noche del 28 de agosto, cientos de personas y músicos de mariachi se reunieron espontáneamente en la escultura del compositor en la plaza Garibaldi de la Ciudad de México, en la que colocaron flores, veladoras y cantaron sus temas.

Por su parte, el presidente de Venezuela, Nicolás Maduro, dirigió unas palabras escritas al músico: «Mis recuerdos eternos a Juan Gabriel extraordinario artista y ser humano. Que Dios lo tenga en su gloria, por siempre».

El presidente estadounidense, Barack Obama, pronunció un comunicado reaccionado sobre el fallecimiento de Juan Gabriel expresando: «Por más de 40 años Juan Gabriel llevó a millones su querida música mexicana, trascendiendo fronteras y generaciones».

Desde España varios artistas lamentaron el fallecimiento del divo, entre ellos: Raphael, Julio Iglesias, Shaila Dúrcal, Isabel Pantoja, José Luis Perales, Plácido Domingo, David Bisbal, Miguel Bosé y Alejandro Sanz.

EL DÍA QUE JUAN GABRIEL SE ENTREVISTÓ A ÉL MISMO

Para emprender su gira de 2016, Juan Gabriel se realizó una entrevista a sí mismo:

- ¿Cómo te encuentras?
- Bien, mejor, ¿y tú?
- Si tú estás bien, yo estoy mejor.
- ¿Estás listo para continuar?
- Sí, extraño los shows, extraño mis mariachis, a los músicos, a los coros, a los bailarines; extraño los aplausos, mi gente, esas noches.
- Estás más delgado y te ves mucho mejor.
- Gracias, ¿te preocupé?, ¿te asusté?, ¿te pusiste nervioso? Siempre te meto en líos, en problemas, en demandas. Pero tú siempre estás conmigo. Me quieres, me cobijas, me abrazas, me proteges, me comprendes, me aceptas, me perdonas. Yo sin ti no puedo vivir.
- Y yo sin ti me muero, por eso los dos debemos cuidarnos y mucho. Yo estoy muy agradecido contigo, porque mira, yo gracias a ti sé lo que sé, también soy lo que soy, tengo lo que tengo. Compartes conmigo tus alegrías, tus tristezas, tu forma de ser, tus shows, tus fan. Gracias ti yo como, yo vivo, yo tengo casa.
- Casas, dirás.

— Bueno, son tuyas, así como son mis canciones son tus casas, juan Gabriel. Te admiro, me caes bien.
— Tú también.
— ¿Estás listo para continuar, pues?
— Claro que sí.
— ¿Sabes las fechas?
— ¿Las recuerdas tú?
— Sí, mira, este no venía preparado ¿verdad? Pero… En Miami septiembre 5, en New York septiembre 7, San José septiembre 12, los Ángeles, septiembre 18, 20, 21, Denver septiembre 26, Oakland septiembre 28. ¿Cómo ves?
— Pues, ¡vamos!

XI
LOS ESCÁNDALOS DEL DIVO

EL PLEITO CON ROCÍO DÚRCAL

Para muchos apasionados de la música, los nombres de Rocío Dúrcal y Juan Gabriel están fusionados en admirables discos, cinco grandes producciones como «Juntos otra vez», y los temas publicados por la adorada cantante española en los que se anunciaban canciones del ídolo mexicano Juan Gabriel. «Rocío Dúrcal canta a Juan Gabriel», era una frase que aparecía en la carátula de las revistas y diarios. Pero de aquella relación tan próspera que motivó la atención del público cada vez que ambos pisaban los escenarios en los años ochenta y noventa, no quedó nada, más que los discos. El pico de triunfo y amistad no significó nada más que una época de recuerdos, aunque la española terminó por odiar su recuerdo.

Hace una década, en 2006 en una conferencia, Shaila Morales, la hija menor de Dúrcal y Junior negó la posibilidad de que ella actúe en la presentación de conciertos que Juan Gabriel tenía previsto brindar en México con motivo de sus 35 años de carrera artística. «Me tiene sin cuidado. No quiero hablar de ese desgraciado. Mi mamá se fue muy dolida por lo malo que le hizo», había expresado la joven. Shaila abría de un baúl cerrado un secreto a voces, porque no le gustaría que el autor de canciones como «Costumbres» y «Amor eterno» la ayude en su profesión musical como hizo años atrás con su madre. «No me interesa, no quiero hablar de ese desgraciado, toda la familia está muy lastimada por las actitudes que tuvo con mi madre», decía la joven cantante sin dar mayores referencias.

Se tratarían de antiguas heridas familiares, pero Shaila se refería al «divo de Juárez», como se conoce públicamente a Juan Gabriel, como «un gran artista», pero afirmaba que «como persona no vale nada». Dúrcal había conocido en 1977 a Juan Gabriel y consiguió un gran éxito tras grabar un álbum entero con los éxitos del cantautor a ritmo de ranchera, un estilo que tomaría para siempre en su estilo artístico.

Hoy podemos recordar la gran amistad entre ambos. Y sobre todo interrogarnos: ¿por qué acabó tan mal, con el enorme éxito que ambos representaban a la industria musical? Luego del primer disco de Rocío con los éxitos de Juan Gabriel, nació aquella amistad fuerte que todos entendían como inseparable en el mundo musical. El dúo de sus nombres unidos se convirtió en marca de éxito y ambos disfrutaron por muchos años de ventas millonarias.

En varias entrevistas la cantante española recordaba aquella relación con cariño, de las cartas que se remitían y de las revelaciones que se hacían los dos grandes de la música latina. Sin embargo, también expresó alguna vez que era un hombre con enorme dureza de carácter y ello había causado hostilidad entre ambos.

LA RAZÓN PASIONAL DE LA RUPTURA
Los éxitos siguieron durante al menos seis volúmenes de rancheras. Pero esa época terminó de súbito y a Rocío Dúrcal se le impidió cantar los temas del «Divo de Juárez». Ello fue el comienzo de la enemistad de aquella relación personal que adornaba el éxito de ambos y el deleite del público cada vez que hacían dúo.

Demoraron en verse, más de diez años. Fue en 1997 cuando publicaron ese citado «Juntos Otra Vez». Lo corearon con gran éxito en el Festival Acapulco y en Jalisco. Pero ya había trascendido su estropeada amistad.

Todo detonó mientras Rocío Dúrcal grababa un videoclip de una de sus canciones, «La Girnalda», en Puerto Vallarta. Ella descubrió la presencia de cámaras de video, contratadas por Juan Gabriel para tener algunos semblantes de la grabación. Y la tormenta se desencadenó. Rocío impidió la entrada y marcó para siempre su distancia con el cantante.

Las cosas se agravaron y ambos formaron parte de una guerra personal. La intérprete jamás dio muchos detalles sobre lo que había pasado ni dio las razones del abrupto quiebre de su amistad. Entonces llegaron las consecuencias. Ambos suspendieron la gira internacional que tenían proyectado. Y se despidieron para siempre de su público.

LA PRENSA DIVULGÓ LA EXPLICACIÓN
Hasta el fallecimiento de Rocío, nunca jamás volvieron a ser

amigos. Pero tras el diálogo con Shaila, en 2008, la prensa siguió indagando. El abogado de «Juan Gabriel», Joaquín Muñoz, publicó *«Juan Gabriel y Yo»*, un libro biográfico, en el que explicaba que los motivos por el distanciamiento entre Rocío y el cantante se debían a la supuesta traición sexual de su entonces esposo Junior con el *«Divo de Juárez»*.

La noticia estalló y en aquella publicación se llegó a dar un detalle arrollador: que Rocío había sorprendido a Juan Gabriel en la cama con su esposo Junior. Indiscutiblemente, la cosa acabó en los juzgados. Así que jamás mejoró la relación, sino que hasta la muerte de los dos, nunca se reconciliaron.

¿POR QUÉ JUAN GABRIEL SE MURIÓ DE UN MOMENTO A OTRO?

Los trasnochos, la mala alimentación y encadenar extenuantes giras de conciertos hicieron que el Divo de Juárez muriera tan de pronto.

La pérdida súbita del divo de Juárez golpeó duro a millones de corazones. Y la pregunta que se realizaron fue: ¿por qué se murió de pronto? Lastimosamente todo tiene dirección y sentido. Muchos artistas a veces sin proponérselo se creen inmortales, o blindados frente a adversidades irremediables y llevan una vida de excesos. Juan Gabriel lo tenía todo materialmente hablando, hasta dos aeroplanos. Pero con el paso de los años sus abundantes comidas, su afición a licores finos, el exceso de grasas, su extremo sedentarismo, el excesivo estrés le pasaron factura y le produjeron obesidad mórbida e hipertensión (lo cual no es grave, aunque se tomen medicamentos, pues es un asesino silencioso). Además complicaron la diabetes que ya padecía.

En esas condiciones las arterias que alimentan y dan vida al corazón, gradualmente se van tapando. Con las dificultades de la diabetes, la obesidad y la ingesta de tóxicos como licor, en las arterias coronarias más importantes se origina una obstrucción crítica que no permite nutrir apropiadamente el corazón. Éste entra en paro con eminente riesgo de infarto fulminante y muerte, si antes no se habían tomado los cuidados pertinentes. Era indiscutible que Juan Gabriel no lo estaba haciendo. Su detrimento físico y de indicadores biológicos ya se podían observar. El desafortunado episodio en su último concierto al exponerse y bandearse con una copa de licor lo decían todo sobre la indiferencia y casi desprecio que habría tomado ante a la necesidad de un autocuidado elemental.

Incluso horas antes de morir, el sábado se le vio gozando abiertamente en un restaurante sin mayores cuidados o limitaciones (la moderación no era una cualidad que lo definiera), cuando en ese periodo, mínimo debió pedir una revisión médica. La historia pudo ser otra si hubiera consultado ese día por sus malestares, porque de acuerdo a las señales, era evidente que estaba y se sentía mal.

Decenas de conciertos que daría entre el 2016 y 2017 quedaron sin cumplirse. La decepción y desazón al saber que los conciertos quedarían cancelados fue enorme, y la tristeza casi infinita, por su pérdida tan pronta, cuando aún tenía mucha que dar de su talento artístico

JUAN GABRIEL DEJÓ
300 MILLONES DE DÓLARES

Sus cuatro hijos, todos con problemas de drogas y con la

justicia, iniciarán una demanda para impedir la última voluntad de su padre: no dejarles ninguna herencia.

Juan Gabriel ya había visto el rostro de la muerte a comienzos del 2012 con su nieto, Alberto Aguilera III, quien había ingresado por la madrugada en una cárcel del D.F después de manejar un vehículo ebrio y estimulado por las drogas. Con el corazón en las manos el joven tomó una cantidad tan abundante de drogas en el calabozo, que cincuenta y dos horas luego de estar en un coma inducido, moriría en un hospital con solo veintidós años.

Desde que era un infante en Parácuaro, Michoacán, se había cansado de ver llegar a su madre, al filo de la madrugada, con una botella de tequila medio vacía en una mano y con una gallina agonizante en la otra. Las tentativas lerdas por cocinarle acababan en tentativas de incendio que él, con sus pequeñas manos, trataba de impedir. Su progenitor había desaparecido para siempre después de que, tocado por la esquizofrenia, quemara los cultivos de sus vecinos hundiendo para siempre a los Aguilera Valadez. Juan Gabriel sabía de la infelicidad que trae el trago y los vicios, por eso no sólo fue el único charro afeminado, sino uno de los pocos que de vez en cuando se daba sus copas, pero nunca acababa drogado ni completamente alcohólico.

Cuando sepultó a su único nieto, se prometió que nunca más iba a ver fallecer a alguien que tenga su mismo ADN. No era una labor sencilla. Tres de los cuatro hijos que había procreado con Laura Salas, su mejor amiga, Joan Gabriel, Hans Gabriel y Jean Gabriel, tuvieron problemas con la justicia. Alberto Junior, el mayor de todos y a quien tuvo con una mujer de la cual se desconoce absolutamente, tiene graves antecedentes: En el 90 lo detienen por manejar en estado de ebriedad, en el 2008, ebrio, trató de asaltar a dos personas en plena carretera del D.F, pocos meses después dispararía un arma de fuego en su propio hogar. En el 2011 fue arrestado por violencia doméstica y en el 2012 por andar borracho en una camioneta. Juan Gabriel, cansado de costear fianzas, resuelvió dejarlo un rato en la cárcel para que aprenda la lección. Si no tenía bastante con eso, el divo de Juárez desheredó a los cuatro. El único por el que profesaba orgullo era por Iván, el administrador de empresas que operaba su agenda, las regalías que daban sus más de 1.800 composiciones y sus más de 100 millones de discos vendidos. Es el único que podrá salir favorecido de mansiones repartidas en Europa, en América, en la compra de una isla en el Caribe, en una fortuna de más de 300 millones de dólares que categorizaron al divo de Juárez como uno de los veinte músicos más millonarios a nivel mundial.

Si bien legítimamente están desheredados, Iván espera una resistencia por parte de sus hermanos y sabe que en cualquier instante podría detonar una guerra.

Juan Gabriel lo había preparado todo: lanzar sus cenizas entre Acapulco y Michoacán, qué temas musicales tenían que tocar para su funeral —eran dos, uno de ellos Amor eterno, obviamente—, todo estaba preparado, menos la furia de su prole, la codicia que probablemente se aviva por tener una de las fortunas más grandes que un artista ha poseído en Latinoamérica.

En vida, los jóvenes le tenían miedo. Juan Gabriel, hipnotizador artístico sobre los escenarios, podía ser duro y severo en la intimidad. Llegar a un acuerdo con él podía ser una práctica pavorosa. Con sus hijos, esa necesidad de control que manifestaba en el estudio de grabación, en cada una de sus fabricaciones musicales, se agravaba. Su palabra era incuestionable. Ahora que descansa en la sepultura, su palabra, que era inquebrantable como el acero, se difundirá como sus cenizas. Desde donde quiera que esté verá con tormento cómo sus millones, ganados con el sudor de su frente, caerá en manos de cuatro chicos que viven el reventón perpetuo, al que parecen están destinados los hijos de las celebridades.

EL HIJO SECRETO...
Pocos días después de su muerte, salió a la luz que Juan Gabriel no sólo era padre de cinco hombres, Alberto II, Iván, Joan, Jean y Hans; sino que procreó a otro joven de nombre Luis Alberto, a quien mantenía en secreto. Los hijos reconocidos del cantante rompieron el silencio y contestaron que la única familia que conocen es la que constituyeron con su papá.

Iván Aguilera pronunció un comunicado en el que indicaba que el sujeto que afirmaba ser hijo del «Divo de Juárez» no es su familia y que no lo toman como tal, por lo que piden a los medios de comunicación que no le dé más popularización. «Los que realmente conocieron a mi papá saben lo reservado que era, así nos educó a nosotros, nos enseñó el valor de la privacidad. Nuestros amigos cercanos y nuestra verdadera familia han continuado guardando el luto que le debemos», dijo.

El hijo de Juan Gabriel señaló que este tipo de escándalos afectan a los herederos, quienes cumplirán lo que dictó el compositor en su testamento, el cual afirman ya se abrió. Iván, quien era muy unido al originario de Parácuaro, determinó que pese a todos los rumores él consumará la última voluntad de su progenitor.

«El tiempo ayudará a que podamos levantarnos y honrar el legado de mi padre, yo cumpliré todo lo que encomendó y se los compartiré a su debido momento», añadió el hijo del intérprete. Y es que Luis Alberto Aguilera recalcó que pretendía aproximarse a sus hermanos; además de solicitar parte de la herencia y lanzarse como cantante.

XII
Trayectoria Artística

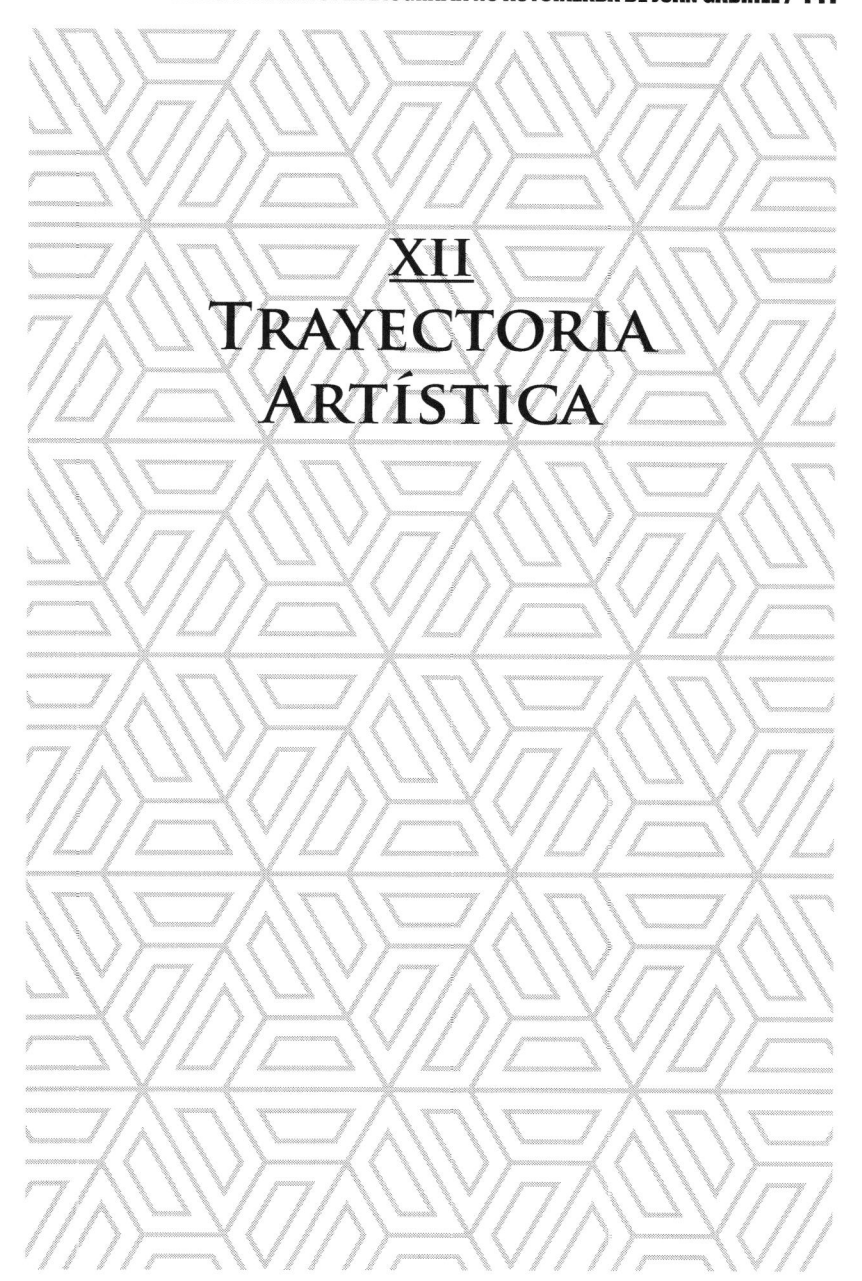

LÍNEA DE TIEMPO

(1971): Primer álbum *«El alma joven de Juan Gabriel»*. Contiene entre otras canciones: *«No tengo dinero»* y *«Me he quedado solo»*.

(1972): Segundo álbum contiene: *«Será mañana»*, *«Uno dos y tres«* y *«Me das un beso»*.

(1973): Disco grabado en Francia. Contiene: *«En ésta primavera»* y *«Nada ni nadie»*.

(1974): Primer álbum con mariachi, con el mariachi América de Jesús R. de Hijar. Contiene: *«Inocente pobre amigo»*, *«La diferencia»*, *«Por mi orgullo»*.

(1975): Tercer álbum con el mariachi México 70 de Pepe López. Contiene: *«Otra vez me enamoré»* y *«Siempre estoy pensando en ti»*.

(1976): Debuta en el Teatro Blanquita. Temporada de tres meses.

(1977): El álbum que contiene: «*Siempre en mi mente*». Alcanza más de un millón de copias vendidas durante el año.

(1978): El álbum Espectacular, grabado en Londres. Contiene: «*Aunque te enamores*», «*Mi fracaso*», «*Adiós amor, adiós mi amor te vas*».

(1978): Se lanza el LP «*Mis ojos tristes*» con mariachi. Contiene: «Con todo y mi tristeza», «*Arriba Juárez*», «Cuando quieras déjame», «*Guarecita*».

(1978): Graba en Londres el LP «*Me gusta bailar contigo*», que contiene: «*Buenos días señor sol*».

(1979): Álbum «*Recuerdos*», grabado en Los Ángeles, California. Contiene: «*El Noa Noa*». Realiza giras por Centroamérica y Sudamérica.

(1980): Debuta el 23 de junio en el Florida Park de Madrid.

(1981): Álbum Con tu amor. Contiene: «*En el nombre del amor*» y «*Canta, canta*».

(1982): Lanza su LP de boleros «*Cosas de enamorados*», acompañado del guitarrista Chamín Correa. Contiene: «*No me vuelvo a enamorar*» y «*Ya lo sé que tú te vas*».

(1982): Temporada en el centro nocturno El Patio, comentada por los medios como fuera de serie.

(1983): Álbum «*Todo, con mariachi*». Contiene: «*La farsante y Caray*».

(1984): Disco «*Recuerdos II*». Contiene: «*Querida*».

(1985): Se graba LP «*Pensamientos*». Contiene: «*Hasta que te conocí*», «*Yo no sé qué me pasó*».

(1986): Temporada de dos meses en El Patio, marca nuevo récord de asistencia, Juan Gabriel recrea en la escenografía del espectáculo su casa de El Paso, Texas.

(1987): Discomix con su canción Debo hacerlo, que lanza durante la reseña cinematográfica de Acapulco.

(1988): Presentación en el programa: «*Mala noche no*», con Verónica Castro. Se recuerda como el programa que desveló a México.

(1988): Se presenta en Aruba y hace giras por América Latina y Estados Unidos de Norteamérica. Rompe récord de asistencia en palenques, siete días en Texcoco y siete días en Morelia.

(1989): Temporada de un mes en el centro nocturno Premier.

(1989): Se presenta en el estadio Azulgrana, en la ciudad de México, D.F. con la asistencia de 75 mil espectadores.

(1990): Realiza cuatro conciertos en el Palacio de Bellas Artes a beneficio de Semjase y la Orquesta Sinfónica Nacional.

(1990): Temporada de un mes en Premier.

(1990): Se presenta en la Plaza de Toros México, con lleno total.

(1990): Disco doble grabado en vivo durante el concierto de Bellas Artes, rompe récord de ventas.

(1991): Temporada de tres meses en el Premier, considerado caso único en la historia de la música popular en México.

(1992/93): Continúa sus presentaciones por toda la República Mexicana.

(1993): Se presenta en el Auditorio Nacional con llenos totales.

(1993): Realiza giras al extranjero.

(1994): Disco Gracias por esperar. Rompe récord de ventas durante los primeros meses.

(1995): Prepara nuevas grabaciones y continúa realizando conciertos.

(1995): Realiza su nuevo disco El México que se nos fue, donde hace un rescate de la música campirana que se escuchaba en México de los años 30 a los 50.

(1996): En su faceta como productor realizó algunos discos para figuras como Isabel Pantoja, además de uno de sus proyectos más queridos: el álbum «*Las tres señoras*», grabado con sus amigas Lola Beltrán, Lucha Villa y Amalia Mendoza.

(2000): el 1 de enero se presentó en el Zócalo de la CDMX, rompiendo récord de asistencia por convocar a 350 mil personas, cifra que no ha sido igualada hasta hoy.

(2003): Con una estatua ubicada en la plaza principal y renombrando la calle que lo vio nacer, el pueblo de Parácuaro rindió homenaje al divo de Juárez, quien agradeció con un concierto gratuito que duró tres horas.

(2007): A mediados de octubre se convirtió en abuelo gracias a su primogénito, Iván Gabriel, que en ese entonces tenía 28 años. Iván fue concebido con su amiga Laura Sañas Campa, quien a su vez es madre de Joan Gabriel, Hans Gabriel y Jean Gabriel, residentes de Estados Unidos.

(2009): La academia Latina de la Grabación lo nombró Persona del Año durante la ceremonia del Latín Grammy, lo que se sumó a reconocimientos como la excelencia Universal otorgado por los reyes de España y el ingreso al salón de la fama del premio Billboard. El 18 de diciembre develó su nombre en el Paseo de las Estrellas de las Vegas, siete años después de haber recibido esa distinción en el Paseo de la fama de Hollywood.

(2015): Lanzó la producción «Los dúo», que incluye duetos con figuras como Vicente Fernández, Laura Pausini, Juanes, Alejandra Guzmán, David Bisbal, Marco Antonio Solís, Isabel Pantoja y Luis Fonsi, entre otros. Meses después repitió la fórmula con Los dúo 2, donde compartió su voz con intérpretes de la talla de Alejandro Fernández, Franco de Vita, Belinda y Marc Anthony.

(2016): Aceptó narrar su historia en la serie *«Hasta que te conocí»*, coproducida por Disney, Tv Azteca y Telemundo. Temas como el rechazo familia y su homosexualidad, por primera vez son abordadas sin temor y con orgullo.

28 de agosto de 2016: Fallece en Santa Mónica, California, Estados Unidos.

INTÉRPRETES DE LAS CANCIONES DE JUAN GABRIEL

1. Rocío Dúrcal. *«Amor Eterno»:* La fallecida diva española, logró con su interpretación llevar a otro nivel la canción Amor Eterno, se consolidó como el himno de las madres.

2. Isabel Pantoja. *«Así fue»:* La convirtió en un éxito, otros artistas se animaron a ponerla en su repertorio de canciones como Jenni Rivera, Playa Limbo.

3. Vicente Fernández. *«La diferencia»:* El solo hecho de que la interprete uno de los mejores artistas mexicano del siglo, la vuelve muy especial.

4. Maná. *«Se me olvidó otra vez»:* El grupo la incluyó en su Unplugged producido por MTV. Este tema también fue cantado por Alejandro Fernández, Rocío Dúrcal, Lucha Villa.

5. Thalía. *«Gracias a Dios»:* La diva le puso su propio toque sensual en la melodía, lo podemos apreciar en su video clip.

6. Jaguares. «*Te lo pido por favor*»: Esta canción se la dedicó a su madre, la banda la interpretó con su propio estilo, por ello ha pegado en el mercado. Se ha mantenido 4 meses en las canciones más pedidas.

7. José José. «*Lo pasado pasado*»: Se convirtió en el mejor disco del cantante, el cual fue lanzado al mercado el año 1979.

8. Daniela Romo. «*De mí enamórate*»: Esta canción consolidó la carrera artística de la cantante, estuvo mucho tiempo en los primeros lugares. También la interpretó Tito Nieves.

9. Cristian Castro. «*Mañana*»: Juan Gabriel indicó que es uno de los mejores intérpretes de sus canciones. En 1994 se consolidó como un éxito.

10. Kumbia King. «*No tengo dinero*»: Fue un cover muy exitoso, la banda se hizo conocida gracias a esta canción.

DISCOGRAFÍA

DISCOS DE ESTUDIO

1971: El alma joven
1972: El alma joven II
1973: El alma joven III
1974: Juan Gabriel con el Mariachi Vargas de Tecalitlán
1975: 10 éxitos
1976: A mi guitarra

1976: 10 de los grandes
1977: Juan Gabriel con mariachi Vol. II
1977: Te llegará mi olvido
1978: Siempre estoy pensando en tí
1978: Siempre en mi mente
1978: Espectacular
1979: Mis ojos tristes
1980: Me gusta bailar contigo
1980: Recuerdos
1980: Juan Gabriel con el Mariachi América
1980: Ella
1981: Con tu amor
1982: Cosas de enamorados
1983: Todo
1984: Recuerdos II
1984: Frente a frente I (Con Rocío Dúrcal)
1986: Pensamientos
1986: 15 años de éxitos rancheros
1987: Debo hacerlo
1987: Frente a frente (Con Joan Sebastian)
1987: Frente a frente II (Con Rocío Dúrcal)
1988: Para ti... 14 éxitos originales
1989: 15 años, 15 baladas, 15 éxitos
1990: Juan Gabriel en el Palacio de Bellas Artes
1994: Gracias por esperar
1995: El México que se nos fue
1996: Lo mejor de los tres grandes (Disco 1)
1996: Juntos otra vez (Con Rocío Dúrcal)
1998: Por mi orgullo
1998: Celebrando 25 años de Juan Gabriel: En concierto en el Palacio de Bellas Artes
1998: 25 Aniversario solos, duetos y versiones especiales
1998: Juan Gabriel con banda... El Recodo

1999: ¡Románticos! (Con Rocío Dúrcal)
1999: Todo está bien
2000: Abrázame muy fuerte
2001: Por los siglos
2003: Inocente de ti
2004: Las 15 eternas de Juan Gabriel
2004: Los 15 grandes éxitos de Juan Gabriel
2006: La historia del divo
2007: Los Gabriel... Simplemente amigos (Con Ana Gabriel)
2008: Los Gabriel cantan a México (Con Ana Gabriel)
2008: Los Gabriel... Para ti (2 CD) (Con Ana Gabriel)
2008: Lo esencial de Juan Gabriel (3 CD)
2008: El divo canta a México
2009: Mis canciones, mis amigos
2009: Lo esencial de las rancheras de Juan Gabriel
2010: Mis favoritas: Juan Gabriel
2010: Juan Gabriel
2010: Boleros
2011: 1 es Juan Gabriel
2012: 40 Aniversario (3 CD)
2012: Bailando
2012: Celebrando
2014: Mis 40 en Bellas Artes
2015: Los Dúo
2015: Los Dúo 2
2016: Vestido de etiqueta por Eduardo Magallanes

COLABORACIONES

DISCOS
1976: Rocío Dúrcal (Tarde, Fue un placer conocerte, Fue tan poco tu cariño, Jamás me cansaré de ti).

1980: Estela Núñez Demasiado Amor.
1980: Angélica María De nuevo...Canta a Juan Gabriel.
1982: Rocío Dúrcal Canta lo Romántico de Juan Gabriel.
1983: Aída Cuevas Canta a Juan Gabriel.
1984: Rocío Dúrcal Amor Eterno.
1986: Lucha Villa Canta a Juan Gabriel.
1986: Rocío Dúrcal Siempre.
1987: Sham Genesta Viva Monna Bell.
1988: Isabel Pantoja Desde Andalucía y Así Fue.
1991: Grupo Pandora Con Amor Eterno Vol.1
1992: Mona Bell Ahora.
1993: Alberto Vázquez Alberto y Juan.
1993: Grupo Pandora Con Amor Eterno Vol.2
1993: Ana Gabriel Luna.
1993: Ángela Carrasco Una producción de Juan Gabriel.
1995: Lola Beltrán, Lucha Villa y Amalia Mendoza, Las 3 Señoras.
1997: Rocío Dúrcal Juntos otra vez.
2001: José José Tenampa.
2001: Nydia Nydia.
2011: Jas Devael Homónimo.
2011: Isabel Pantoja Homónimo.

PELÍCULAS
1973: La loca de los milagros
1975: Nobleza ranchera
1976: En esta primavera
1978: Del otro lado del puente
1979: El Noa Noa
1980: Es mi vida /El Noa Noa 2
1983: Siempre en domingo... La película
1990: Bazar Viena

2000: Evicted
2014: ¿Qué le dijiste a Dios?

SERIES DE TELEVISIÓN
1975: La criada bien criada
2016: Hasta que te conocí

PREMIOS Y RECONOCIMIENTOS

- Nominado al Grammy como Mejor Interpretación de Música México-Americana otorgado por la Academia de Grabación de Estados Unidos en 1984 por Todo.

- Nominado al Grammy como Mejor Interpretación de Música México-Americana otorgado por la Academia de Grabación de Estados Unidos en 1985 por Recuerdos II.

- Nominado al Grammy como Mejor Álbum de Música Pop Latina otorgado por la Academia de Grabación de Estados Unidos en 1995 por Gracias por esperar.

- Nominado al Grammy como Mejor Interpretación de Música México-Americana otorgado por la Academia de Grabación de Estados Unidos en 1996 por El México que se nos fue.

- Nominado al Grammy como Mejor Interpretación de Pop Latino otorgado por la Academia de Grabación de Estados Unidos en 1999 por Celebrando 25 años de Juan Gabriel: En concierto en Bellas Artes.

- Nominado al Grammy como Mejor Álbum de Música Latina otorgado por la Academia de Grabación de Estados Unidos en 2002 por Abrázame muy fuerte.

- Nominado al Grammy Latino como Mejor Cantautor otorgado por la Academia Latina de Grabación de Estados Unidos en 2004 por Inocente de ti.

- El Divo de Juarez gana el Premio Billboard 2016 de Latin Pop Album del año y Latin Pop Albums Artista del Año, Solista por su álbum Los Dúo. 2016.

- Premios Billboard (17 premios) por Artista del año, Hot Latin Track, Disco del Año, Dueto del año.

- Aplauso

- El Premio ASCAP como Compositor del Año en español en 1995 por la Asociación estadounidense de Compositores (ASCAP)

- El Premio ASCAP como Compositor del Año en español en 1998 por la Asociación estadounidense de Compositores (ASCAP)

- Lo Nuestro (11 premios) por Mejor Disco, Canción del Año, Artista del Año, Mejor Dúo o Grupo.

- MTV Music Award (Mejor disco 1999)

- Ingresa al Salón de la Fama de Música Latina de Billboard (1996).

- Laurel de Oro y Excelencia Universal otorgado por el Rey de España (2006)

- Llaves de la ciudad en la Ciudad del Vaticano, Madrid, Asunción, Bolivia, Perú, Argentina.

- Estrella en el Paseo de la Fama de Hollywood (Walk of Fame) (2002)

- Luna del Auditorio Nacional Mejor Artista de Música Mexicana (2005)

- Reconocimiento del Auditorio Nacional por más de 100 presentaciones desde 1992 a 2004

- Más de 1000 discos de oro, platino y multiplatino.

- Personalidad del Año, otorgado por la Academia Latina de la Grabación en 2009 previo a la entrega de los Grammy Latinos y develó su estrella en el Salón de la Fama, en las Vegas, Nevada.

- En el Grammy Latino de 2016, Juan Gabriel gana dos premio póstumos, "Los Dúo 2" se llevó el principal premio Grammy Latino al Mejor Álbum del año y además Mejor Álbum Vocal Pop Tradicional. Juan Gabriel nunca había ganado un premio Grammy en vida.

XIII
Los Temas Más Famosos De Juan Gabriel

ABRÁZAME MUY FUERTE

Cuando tú estás conmigo es cuando yo digo
que valió la pena todo, todo lo que yo he sufrido
no sé si es un sueño aún, o es una realidad,
pero cuando estoy contigo es cuando digo
que este amor que siento es porque tú lo has merecido.

Con decirte amor que otra vez he amanecido
llorando de felicidad.
A tu lado yo siento que estoy viviendo,
nada es como ayer.

Abrázame que el tiempo pasa y él nunca perdona,
ha hecho estragos en mi gente como en mi persona.
Abrázame que el tiempo es malo y muy cruel amigo,
abrázame que el tiempo es oro si tú estás conmigo.
Abrázame fuerte, muy fuerte, más fuerte que nunca
siempre abrázame

Hoy que tú estás conmigo,
yo no sé si está pasando el tiempo o tú lo has detenido,
así quiero estar por siempre, aprovecho que estás tú
conmigo,
te doy gracias por cada momento de mi vivir.
Tú cuando mires para el cielo
por cada estrella que aparezca amor es un te quiero.

Abrázame que el tiempo hiere y el cielo es testigo
que el tiempo es cruel y a nadie quiere, por eso te digo
abrázame muy fuerte amor, mantenme así a tu lado.
Yo quiero agradecerte amor todo lo que me has dado,

quiero corresponderte de una forma u otra a diario,
amor yo nunca del dolor he sido partidario,
pero a mí me tocó sufrir cuando creí
en alguien que juró que daba su vida por mí.

Abrázame que el tiempo pasa y ese no se detiene,
abrázame muy fuerte amor que el tiempo en contra viene.
Abrázame que Dios perdona pero el tiempo a ninguno,
abrázame que a él no le importa saber quién es uno.

Abrázame que el tiempo pasa y el nunca perdona,
ha hecho estragos en mi gente como en mi persona
abrázame que el tiempo es malo y muy cruel amigo
abrázame muy fuerte amor,
siempre abrázame.

INOCENTE POBRE AMIGO

Te pareces tanto a mí
que no puedes engañarme
nada ganas con mentir,
mejor dime la verdad.
sé que me vas a abandonar
y sé muy bien por quien lo haces.
¿Crees que no me daba cuenta?
Lo que pasa es que ya no quiero más
problemas con tu amor.

Que te vas a ir con él
está bien,
yo no me opongo.
Te deseo que seas feliz,
pero te voy a advertir
que si vuelves otra vez, no respondo.
¿Crees que yo no me doy cuenta?
Lo que pasa es que ya no quiero
más problemas con tu amor.

Sé de un tonto que te quiere
y que se enamoró de ti.
Se bien que los dos se entienden
y que los dos se ríen de mí.
¿Crees que yo no me doy cuenta?
Pues ya ves que no es así.

Hace tiempo que lo sé
y yo jamás te dije nada
y a pesar de tu traición,

te di la oportunidad
de que recapacites.
¿Crees que yo no me doy cuenta?
Lo que pasa es que ya no
quise mas problemas con tu amor.

Y ese tonto que te quiere
y que se enamoró de ti
no sabe lo que le espera
y piensa que va a ser feliz.
Inocente, pobre amigo,
no sabe que va a sufrir.
Sobre aviso no hay engaño
y sé muy bien que ya te vas.
Dile a ese que hoy te ama
que para amarte nada más
que para eso a él le falta
lo que yo tengo de más.

Te pareces tanto a mí
Ja,ja,ja,ja,ja,ja,
que no puedes engañarme.

PERO QUÉ NECESIDAD

Es difícil aceptar que me tenga que quedar
algún día sin usted
pero así que ser tendrá yo quisiera que jamás
pero mía usted no es.

Coro
Pero qué necesidad, para qué tanto problema,
no hay como la libertad de ser, de estar, de ir,
de amar, de hacer, de hablar, de andar así sin penas
Pero qué necesidad, para qué tanto problema,
mientras yo le quiero ver feliz, cantar, bailar
reír, soñar, sentir, volar, ellos le frenan.

Pero mientras llegue el día me imagino de que es mía
y yo más le amo cada vez
y aprovecho tiempo y vida a su amor
aunque a escondidas nos tengamos ya que ver.

(Repetir coro)
Sé muy bien que sus papás más y más le pedirán
que me deje de querer.
Noche a noche rezarán, día a día le dirán
que eso que hace no está bien.

(Repetir coro)
Y quizás hasta querrán que me lleve para allá
la tristeza de una vez.
Daño yo no le hago al verle, con amarle y con tenerle,
más que un daño le hago un bien.

(Repetir coro 3 veces)

SE ME OLVIDÓ OTRA VEZ

Probablemente ya
de mí te has olvidado,
y sin embargo yo
te seguiré esperando.
No me he querido ir
para ver si algún día
que tú quieras volver
me encuentres todavía.

Coro

Por eso aún estoy
en el lugar de siempre,
en la misma ciudad
y con la misma gente.
Para que tú al volver
no encuentres nada extraño
Y sea como ayer
y nunca más dejarnos.
Probablemente estoy
pidiendo demasiado,
se me olvidaba que
ya habíamos terminado.
Que nunca volverás
que nunca me quisiste.
Se me olvidó otra vez
que sólo yo te quise.

Se me olvidó otra vez
que sólo yo te quise

Se me olvidó otra vez,
se me olvidó otra vez
que sólo yo te quise.
Se me olvidó otra vez,
se me olvidó otra vez
que sólo yo te quise.
Se me olvidó otra vez
que nunca volverás
que nunca me quisiste.
Se me olvidaba
que ya habíamos terminado.
Que nunca volverás,
que nunca me quisiste.
Se me olvidó otra vez,
que sólo yo te quise.

ROSENDA

Yo busco el sol en una nube
y busco tu amor, a través de tus ojos
Rosenda no llores espera el amor
yo sé, que lo esperas tanto como yo.

Mi corazón en cada latido
te dice te quiero,
te dice te amo,
te dice me muero,
Rosenda no llores, espera el amor.

Mi corazón en cada latido
te dices te quiero,
te dice te amo,
te dice me muero,
Rosenda no llores, espera el amor.

Y, así vagaré por todo el mundo,
gritando que estoy locamente enamorado
de una chica dulce, Rosenda mi amor,
yo sé, que me quieres tanto como yo.

Mi corazón en cada latido
te dice te quiero,
te dice te amo,
te dice me muero,
Rosenda no llores, espera el amor.

Mi corazón en cada latido
te dice te quiero,

te dice te amo,
te dice me muero,
Rosenda no llores, espera el amor......
chalala, chalala, chalala, chalala, chalala......

NO PUEDO OLVIDAR

No creas que te he olvidado,
no he aprendido a olvidar,
lo único que consigo
es que cada noche, te extraño más.

El tiempo, irá cambiando
pero este amor mío, no puede cambiar,
todo el día me lo paso
mirando tu retrato
ya, ya, no puedo más.

Yo no he podido, ni un momento ser feliz,
nada me divierte si no estás aquí.
Yo no he podido, ni un momento ser feliz.
Nada me divierte, si no estás amor.

No creas que te he olvidado,
no he aprendido a olvidar,
lo único que consigo
es que cada noche, te extraño más.

Traté caminando lejos,
más fue imposible, no puedo olvidar,
fue más triste mi regreso.
Me doy cuenta que te quiero
mucho más, más y más.

Yo no he podido, ni un momento ser feliz,
nada me divierte, si no estás amor,
yo no he podido, ni un momento ser feliz
nada me divierte, si no estás amor.

CARAY

Si nosotros nos hubiéramos casado
hace tiempo cuando yo te lo propuse
no estarías hoy sufriendo ni llorando
por aquel humilde amor que yo te tuve
caray cuando te tuve cuando te tuve. (Repetir 2 veces)

Pero tú me abandonaste por ser pobre
te casaste con un viejo que es muy rico
y lloré, y lloré y lloré noche tras noche, caray,
noche tras noche, caray noche tras noche.

Ahora soy yo quien vive feliz,
formé un hogar cuando te perdí.
Después, después yo te olvidé y te perdoné
y no puedo hacer
ya nada por ti, ya nada por ti, ya nada por ti.

Con el tiempo a ti también te abandonaron
y ahora vives infeliz y desgraciada
muy sola y muy triste te dejaron
y sin dinero, sin él, sin mí, sin nada caray,
sin dinero caray, sin mí, sin nada. (Repetir 2 veces).

Todo por casarte con un rico,
hoy sabes que el dinero no es la vida
ni la felicidad, pero muy tarde, caray,
lo has comprendido caray, lo has comprendido.

Ahora soy yo quien vive feliz
formé un hogar cuando te perdí

después, después yo te olvidé y te perdoné
y no puedo hacer
ya nada por ti, ya nada por ti, ya nada por ti. (Repetir 2 veces).

NADA, NADA, NADA

No quiero nada, nada, nada más de ti,
Te pido que me dejes, por favor vivir.
Yo sé que lloras tú, que sufres hoy por mí
Si lloras o si sufres no me importa, ya no quiero
Yo ya no quiero, nada, nada, nada más de ti,
Te pido que me dejes, por favor vivir
Te pido con tu amor, me dejes de una vez,
Si lloras o si sufres no me importa, ya no quiero
Yo ya no quiero, no quiero yo saber, jamás de ti,
No quiero ya saber jamás de ti,
Que no, no quiero, no, no, no
Que no, no quiero, no, no, no
Que no, no quiero

Yo ya no quiero, no quiero yo saber, jamás de ti,
No quiero ya saber jamás de ti,
Que no, no quiero, no, no, no
Que no, no quiero, no, no, no
Que no, no quiero

No quiero que me busques otra vez jamás
Porque por más que insistas no he de regresar
El tiempo perderás, no quiero ya saber de ti,
No quiero ya saber de ti, no quiero ya saber.

POR QUÉ ME HACES LLORAR

Para qué me haces llorar
¿que no ves cómo te quiero?
Y para qué me haces sufrir
¿qué no ves, que más no puedo?

Yo nunca, nunca había llorado
y menos de dolor
ni nunca, nunca había tomado
y menos por un amor.

¿Por qué me haces llorar?
y te burlas de mí
Si sabes tú muy bien que yo no sé sufrir.
Yo me voy a emborrachar
al no saber de mí
que sepan que hoy tomé
y que hoy me emborraché, por ti.

Si yo nunca, nunca había llorado
y menos de dolor
y ni nunca, nunca, nunca había tomado
y menos por un amor

¿Por qué me haces llorar?
y te burlas de mí
Si sabes tú muy bien que yo no sé sufrir.
Yo me voy a emborrachar
al no saber de mí
que sepan que hoy tomé
y que hoy me emborraché, por ti.

TE SIGO AMANDO

Que seas muy feliz, estés donde estés, cariño
no importa que ya, no vuelvas jamás, conmigo
deseo mi amor, que sepas también que te amo
que no te olvidé, que nunca podré, te extraño.
Que seas muy feliz que encuentres amor, mi vida
que nunca mi amor, te digan adiós, un día
Perdóname mi amor por todo el tiempo que te amé y te hice daño
te amé de más y fue mi error,
que soledad estoy sin ti, lo estoy pagando
que seas muy feliz, que seas muy feliz,
mientras que yo
te sigo amando.
Deseo mi amor que sepas también que te amo
que no te olvide, que nunca podré, te extraño
Perdóname mi amor por todo el tiempo que te amé y te hice daño
te amé de más y fue mi error,
que soledad estoy sin ti, lo estoy pagando
que seas muy feliz, que seas muy felices,
mientras que yo.....
Te sigo amando.

YA NO VIVO POR VIVIR

También interpreta: Natalia Lafourcade

Poco a poco a poquito me fui enamorando
No pude evitarlo yo te quiero tanto, pero
Tanto y tanto tú bien sabes cuánto eso y
Otro tanto te quiero decir que ya no vivo por vivir.
Que ya no vivo por vivir.

Poco a poco a poquito me fuiste enseñando
A besar tus labios, tus ojos, tus manos,
Tu cuerpo, soñando te tengo en mi brazos
Quiero ser de ti, yo voy a ser de ti el más
Grande y dulce amor, el más grande y dulce amor.

Poco a poco lentamente me enseñaste a querer.
Poco a poco lentamente yo de ti me enamore.
Poco a poco lentamente me enseñaste a vivir.
Poco a poco lentamente yo me enamore de ti.

Hoy canto y vivo contenta porque ahora ya
Puedo decir que por fin ya no vivo por vivir.
Ya no vivo. Hoy canto y vivo contento porque
Ahora ya puedo decir que por fin ya no vivo
Por vivir. Ya no vivo.

Poco a poco a poquito me fui enamorando
No pude evitarlo yo te quiero tanto, pero
Tanto y tanto tu bien sabes cuánto eso y
Otro tanto te quiero decir que ya no vivo por vivir.
Que ya no vivo por vivir.

Poco a poco a poquito me fuiste enseñando
A besar tus labios, tus ojos, tus manos,
Tu cuerpo, soñando te tengo en mi brazos
Quiero ser de ti, yo voy a ser de ti el más
Grande y dulce amor, el más grande y dulce amor.

Poco a poco lentamente me enseñaste a querer.
Poco a poco lentamente yo de ti me enamore.
Poco a poco lentamente me enseñaste a vivir.
Poco a poco lentamente yo me enamore de ti.

Hoy canto y vivo contenta porque ahora ya
Puedo decir que por fin ya no vivo por vivir.
Ya no vivo. Hoy canto y vivo contento porque
Ahora ya puedo decir que por fin ya no vivo
Por vivir. Ya no vivo.

Yo ya no vivo por vivir, ya no vivo.
Yo ya no vivo por vivir, ya no vivo.

Yo ya no vivo por vivir. Ya no vivo.
Yo ya no vivo.
Yo ya no vivo por vivir. Ya no vivo por vivir.

Made in the USA
Columbia, SC
13 July 2025